Introdução

Seja bem-vindo ao Guia Completo de Marketing Comercial, uma obra cuidadosamente elaborada para guiá-lo por todas as nuances deste universo em constante evolução. Neste livro, desvendamos os segredos por trás das estratégias mais eficazes para transformar produtos e serviços em soluções desejadas e acessíveis ao consumidor final. Vamos desde os fundamentos do marketing tradicional, como a segmentação de mercado e o famoso mix dos 4Ps, até as modernas tendências digitais, como SEO, marketing de conteúdo e o impacto da inteligência artificial nas campanhas publicitárias.

Aqui, você aprenderá a definir claramente seu público-alvo, criar personas detalhadas, estruturar funis de vendas eficientes e medir cada passo de suas ações com o uso de KPIs e ferramentas analíticas. Mais do que conceitos teóricos, este guia oferece uma visão prática e aplicável, com exemplos reais e ideias inovadoras que podem ser implementadas em diferentes setores e tamanhos de negócios.

Nos tempos atuais, com as mudanças cada vez mais rápidas nas dinâmicas de consumo, o marketing deixou de ser apenas uma área de suporte e passou a ser o pilar central para o crescimento sustentável das empresas. Este livro é um convite para você repensar suas estratégias e se preparar para um futuro onde a personalização e a interação direta com o consumidor são cruciais para o sucesso. A leitura é ideal para empreendedores, gestores, estudantes e todos aqueles que buscam uma abordagem completa e atualizada do marketing comercial.

Prepare-se para mergulhar em um conteúdo rico e relevante, que irá transformar a forma como você enxerga o mercado e suas possibilidades.

Sumário

1. Marketing Comercial — 4
1.1 O que é Marketing Comercial? — 6
1.2 A Evolução do Marketing na Era Digital — 8
1.3 A Importância do Marketing Comercial para Empresas — 11

2. Definindo o Público-Alvo — 14
2.1 Segmentação de Mercado — 16
2.2 Buyer Persona: Quem é seu Cliente Ideal? — 18
2.3 A Jornada do Consumidor — 20
2.4 Funil de Vendas — 23
2.5 SDR (Sales Development Representative) — 26

3. Estratégias de Marketing Tradicional — 29
3.1 Publicidade em Mídias Offline — 31
3.2 Participação em Feiras e Eventos — 33

4. O Poder do Marketing Digital — 35
4.1 SEO: Otimização para Motores de Busca — 37
4.2 Marketing de Conteúdo — 39
4.3 Mídias Sociais — 42
4.4 Publicidade Paga Online — 44

5. Marketing de Relacionamento — 48
5.1 Fidelização de Clientes — 50
5.2 Programas de Fidelidade — 53
5.3 Atendimento ao Cliente como Diferencial Competitivo — 55

6 Análise e Medição de Resultados — 59
6.1 Métricas e KPIs no Marketing Comercial — 61
6.2 Ferramentas de Análise — 65

7. Tendências Futuras do Marketing Comercial — 69
7.1 Inteligência Artificial no Marketing — 71
7.2 O Crescimento do Marketing Omnichannel — 75
7.3 Sustentabilidade e Propósito como Estratégia de Marketing — 78

8. Conclusão — 80

Capitulo 1

Marketing Comercial

Neste primeiro capítulo, embarcaremos em uma jornada para entender o que é marketing e sua importância vital para o sucesso de qualquer negócio. O marketing comercial é a arte de compreender as necessidades dos consumidores e conectar produtos e serviços a essas demandas de forma eficaz. Este capítulo oferece uma visão clara e acessível sobre conceitos essenciais que moldam o cenário do marketing, tornando-o relevante para empreendedores iniciantes, estudantes e interessados em expandir seus conhecimentos.

Iniciaremos com o que é marketing comercial, proporcionando uma definição simples que destaca seu papel fundamental na identificação de oportunidades de mercado e na criação de valor para os clientes. Em seguida, analisaremos a evolução do marketing na era digital, explorando como as transformações tecnológicas mudaram a comunicação e a interação entre empresas e consumidores, além das novas práticas e tendências que surgiram nesse contexto.

Por fim, abordaremos a importância do marketing comercial para as empresas, enfatizando como uma estratégia bem estruturada é essencial para o crescimento e a sustentabilidade dos negócios, impactando diretamente sua competitividade e sucesso a longo prazo.

Nosso foco é garantir que o marketing seja apresentado de forma clara e acessível, com exemplos práticos que você possa relacionar ao seu dia a dia. Queremos que, ao final deste capítulo, você tenha uma visão mais sólida do que é o marketing comercial e como ele pode ser aplicado no mundo real. Assim, você estará pronto para avançar com confiança nos próximos temas desta jornada. Vamos começar!

O que é Marketing Comercial?

O marketing comercial é uma das principais ferramentas que as empresas usam para conquistar e manter clientes. Em termos simples, é o conjunto de atividades e estratégias que uma empresa utiliza para promover, vender e distribuir seus produtos ou serviços ao mercado. O objetivo do marketing comercial é entender as necessidades dos consumidores e oferecer soluções que agreguem valor a eles, ao mesmo tempo que aumentam os lucros da empresa.
Imagine que você tem um produto incrível. Pode ser um bolo delicioso, um software inovador ou uma roupa estilosa. Porém, de nada adianta ter um ótimo produto se ninguém souber da sua existência, ou se ele não estiver disponível para quem quer comprar. O marketing comercial atua justamente para garantir que o produto chegue ao consumidor certo, no momento certo e da forma certa.

Os 4 Ps do Marketing

Uma das formas mais conhecidas de entender o marketing é através dos 4 Ps, também chamados de mix de marketing. Esses 4 elementos são fundamentais para o sucesso de qualquer estratégia de marketing, pois cobrem os principais aspectos que uma empresa precisa considerar ao comercializar seus produtos ou serviços.

1. Produto
O primeiro "P" se refere ao Produto. Este é o que você oferece ao mercado, seja um bem físico, um serviço ou até mesmo uma experiência. No marketing comercial, é importante que o produto atenda às necessidades e desejos do público-alvo. Não basta ser um bom produto, ele precisa ser algo que o cliente queira ou precise. Por exemplo, se você abrir uma padaria, o produto que você oferece pode ser pão, bolos e doces. No entanto, além de sabor, você pode se destacar pela qualidade dos ingredientes, variedade ou pela conveniência de vender produtos frescos todos os dias.

2. Preço

O segundo "P" é o Preço. Este é o valor que o consumidor pagará pelo produto ou serviço. Definir o preço corretamente é crucial, pois ele deve refletir o valor percebido pelo cliente, ao mesmo tempo que cobre os custos da empresa e gera lucro.

Ao estabelecer o preço, uma empresa deve considerar fatores como os preços da concorrência, o que o consumidor está disposto a pagar e os custos de produção. Se o preço for muito alto, o cliente pode procurar alternativas mais baratas; se for muito baixo, pode parecer que o produto não tem tanta qualidade, ou a empresa pode não lucrar o suficiente.

3. Praça

O terceiro "P" se refere à Praça, ou seja, os canais de distribuição. Esse elemento trata de onde e como o produto será oferecido ao cliente. A praça inclui os pontos de venda físicos, como lojas e supermercados, ou canais digitais, como e-commerce e redes sociais.

A escolha da praça correta é importante para garantir que o produto esteja acessível ao público-alvo. Não adianta ter um ótimo produto a um bom preço se o cliente tiver dificuldades em encontrá-lo.

4. Promoção

Por fim, o quarto "P" é a Promoção. Este é o conjunto de ações que você faz para divulgar o seu produto e incentivar as pessoas a comprá-lo. A promoção pode incluir publicidade em redes sociais, promoções de venda, participação em eventos, entre outras estratégias.

A ideia é fazer com que o público conheça o produto e entenda por que ele é a melhor opção. Uma boa promoção não é apenas dizer "compre meu produto", mas comunicar o valor que ele oferece ao cliente.

O marketing comercial, quando bem aplicado, ajuda a empresa a conectar-se com os clientes, oferecendo a eles o que precisam, onde e quando desejam, e por um preço que estão dispostos a pagar.

A Evolução do Marketing na Era Digital

O marketing, assim como a sociedade, evolui com o tempo, acompanhando as transformações do mundo. Se olharmos para trás, veremos que o marketing comercial, tal como conhecemos hoje, percorreu uma longa jornada desde os primeiros anúncios impressos, nos jornais do século XIX, até as campanhas massivas que dominavam a televisão no final do século XX. No entanto, uma revolução estava à espreita, e ela veio com a chegada da era digital. Tudo começou na década de 1990, com a popularização da internet. Até então, o marketing seguia um modelo linear e previsível, onde as empresas dominavam os canais de comunicação e os consumidores eram receptores passivos de suas mensagens. A internet, porém, trouxe consigo uma nova dinâmica. O que antes era um monólogo de marcas falando para uma audiência, transformou-se em um diálogo aberto, onde o consumidor se tornou protagonista.

O Surgimento do Marketing Digital

Essa transformação pode ser comparada à Revolução Industrial, não em termos de máquinas a vapor ou grandes fábricas, mas no impacto que teve sobre a sociedade e os negócios. A digitalização abriu portas para novas formas de relacionamento e de consumo que antes eram inimagináveis. A web começou a conectar pessoas de todos os cantos do mundo, criando comunidades e redes que, em pouco tempo, se tornaram espaços poderosos de troca de informações e experiências.

No início dos anos 2000, as empresas começaram a perceber que a internet não era apenas uma ferramenta auxiliar, mas um novo terreno fértil para suas estratégias de marketing. Surgiram então os primeiros websites comerciais, onde marcas podiam se apresentar de forma mais acessível e global. Em vez de um anúncio estático em uma página de revista ou jornal, os consumidores agora podiam explorar produtos, ler sobre eles e até comprá-los com um simples clique.

Esse novo contexto trouxe algo inédito: a capacidade de falar diretamente com o consumidor de forma personalizada. As empresas já não estavam mais limitadas à comunicação de massa, em que uma mensagem era difundida para todos, sem distinção. A internet trouxe segmentação e interatividade. O consumidor, antes distante e invisível, passou a ser um participante ativo no processo de marketing.

O Impacto dessa Revolução no Marketing Comercial

A revolução digital não apenas transformou a forma como o marketing era feito, mas também aprimorou e acelerou processos, proporcionando avanços extraordinários. Com o marketing tradicional, alcançar um grande público era uma questão de investimento: quanto maior o orçamento, maior a exposição. Já na era digital, o poder do marketing não reside apenas no dinheiro gasto, mas na capacidade de criar valor e conectar-se verdadeiramente com os consumidores.

O que antes era caro e lento, agora se tornou ágil e acessível. Pequenas empresas que, no passado, não tinham chance de competir com gigantes do mercado, passaram a ter a possibilidade de se promover em igualdade de condições. Blogs, redes sociais e e-commerce permitiram que empreendedores de todos os tamanhos e setores pudessem encontrar seu espaço, criar suas audiências e crescer de maneira orgânica.

Além disso, a revolução digital permitiu algo inédito até então: a mensuração precisa dos resultados. No marketing tradicional, muitas vezes era difícil saber qual impacto uma campanha de rádio ou TV realmente tinha. A era digital trouxe consigo ferramentas de análise e métricas, permitindo que as empresas ajustassem suas estratégias com base em dados reais. Se uma campanha não funcionava, mudanças podiam ser feitas quase instantaneamente, algo impensável no passado.

Mas, além de eficiência e economia, a era digital trouxe uma nova forma de pensar o marketing. Ele se tornou mais humano, mais focado nas necessidades e desejos do consumidor. A personalização, a capacidade de dialogar com cada cliente como se ele fosse único, transformou a forma como as empresas veem seus públicos. O foco mudou de simplesmente vender um produto para criar experiências e construir relacionamentos duradouros.

O Futuro do Marketing na Era Digital

Estamos apenas no começo dessa revolução. Se olharmos para os próximos anos, veremos um horizonte onde a tecnologia continuará a desempenhar um papel central na evolução do marketing. Ferramentas como inteligência artificial, realidade aumentada e análise preditiva já estão moldando o futuro do setor, proporcionando novas maneiras de interagir com o consumidor e entender suas preferências.

No entanto, é importante lembrar que, apesar de todas as inovações tecnológicas, o marketing digital é, em sua essência, sobre pessoas. Não importa o quão avançada a tecnologia se torne, o foco continuará a ser a criação de valor genuíno para o cliente. Nos próximos anos, veremos campanhas cada vez mais personalizadas, capazes de prever o que os consumidores querem antes mesmo de eles saberem disso.

A digitalização também continuará a democratizar o marketing, permitindo que empreendedores e pequenas empresas possam competir com grandes corporações em uma arena equilibrada. Assim como a internet transformou o cenário comercial nas últimas décadas, podemos esperar que as novas tecnologias continuem a impulsionar o marketing para patamares que ainda não conseguimos imaginar completamente.

A era digital marcou uma verdadeira revolução no marketing comercial, transformando-o em algo mais ágil, interativo e voltado para o consumidor. Desde seus primeiros passos, nos anos 1990, até o presente, o marketing digital não apenas melhorou as estratégias existentes, mas criou novas possibilidades de conexão e crescimento. E, olhando para o futuro, essa evolução continuará a moldar o mundo dos negócios, oferecendo aos empreendedores ferramentas cada vez mais poderosas para atingir seus públicos e prosperar em um ambiente em constante mudança.

A Importância do Marketing Comercial para Empresas

O marketing comercial é um dos elementos centrais para o sucesso de qualquer empresa. Mais do que apenas promover e vender produtos ou serviços, ele desempenha um papel estratégico na construção de uma conexão eficaz entre a empresa e o mercado. Seu impacto vai muito além de gerar vendas: ele envolve o entendimento do comportamento do consumidor, a identificação de oportunidades e a criação de valor duradouro.

O Papel Estratégico do Marketing Comercial

No mundo dos negócios, o marketing é o mecanismo que permite às empresas compreender as necessidades e desejos do público. Ele oferece uma visão estratégica sobre como posicionar produtos e serviços de forma a maximizar seu valor no mercado. Empresas que investem adequadamente em marketing conseguem se adaptar às mudanças e se diferenciar da concorrência, identificando oportunidades de crescimento em mercados dinâmicos.

Mais do que promover um produto, o marketing ajuda as empresas a construir marcas que ressoam com seus consumidores. Ele permite que as empresas definam suas estratégias de longo prazo, entendendo o comportamento do consumidor e ajustando suas ofertas de maneira eficaz. Sem uma estratégia clara de marketing, é difícil para uma empresa sobreviver e prosperar em um ambiente competitivo.

Conexão com o Consumidor e Criação de Valor

O marketing comercial não apenas identifica o que o cliente quer, mas também cria valor para ele. Isso envolve ir além da venda de produtos e se concentrar em atender as reais necessidades do consumidor. Ao criar soluções que resolvem problemas ou melhoram a vida dos clientes, as empresas constroem uma base de valor que leva à preferência pela marca.

Essa criação de valor é um dos fatores mais importantes para o sucesso de qualquer negócio. Quando a empresa se posiciona como a melhor solução para o consumidor, ela não apenas atrai novos clientes, mas também mantém aqueles já conquistados. O marketing permite que essa mensagem de valor chegue de forma clara ao público-alvo, destacando a empresa da concorrência.

Crescimento e Expansão

O marketing também é uma ferramenta fundamental para o crescimento e a expansão de empresas. Ele permite que uma empresa atinja novos públicos e mercados, facilitando a adaptação de estratégias e mensagens para diferentes segmentos. O marketing ajuda a identificar novas oportunidades de mercado, seja explorando nichos específicos ou expandindo para regiões geográficas antes não exploradas.

Por meio de campanhas bem estruturadas e segmentadas, o marketing comercial proporciona uma entrada eficiente em novos mercados. Empresas que utilizam o marketing de forma inteligente podem crescer mais rapidamente, atingindo novos clientes e ampliando suas operações de forma sustentável.

Competitividade e Inovação

Em mercados altamente competitivos, o marketing comercial oferece uma vantagem crucial: a capacidade de se destacar da concorrência. Ele permite que as empresas comuniquem seus diferenciais de forma clara e atinjam os consumidores com mensagens personalizadas e relevantes.

Além disso, o marketing é uma fonte constante de inovação. Ao analisar o comportamento do consumidor e acompanhar as tendências do mercado, as empresas podem se antecipar às mudanças e ajustar suas estratégias com rapidez. Isso garante que as marcas continuem competitivas e prontas para responder às novas demandas, oferecendo produtos e serviços inovadores.

O marketing comercial é muito mais do que uma ferramenta de vendas. Ele é essencial para entender o mercado, conectar-se com os consumidores e construir uma marca sólida. As empresas que investem em marketing estratégico conseguem criar valor, expandir seus negócios e se manter competitivas em um cenário em constante evolução. O marketing é, sem dúvida, um dos motores que impulsionam o crescimento e a sustentabilidade das empresas, garantindo que elas prosperem, mesmo em ambientes desafiadores.

Capitulo 2

Definindo o Público-Alvo

Agora que você já compreende a importância do marketing comercial, vamos abordar um dos aspectos mais cruciais para o sucesso das suas estratégias: o público-alvo. Conhecer quem é seu consumidor ideal é a chave para que cada ação de marketing tenha impacto real, gerando resultados efetivos para o seu negócio.

Imagine falar diretamente com quem realmente se interessa pelo seu produto, com quem está buscando exatamente o que você tem a oferecer. Nas próximas páginas, vamos explorar detalhadamente como você pode identificar esse público, entender suas necessidades e desejos, e, com isso, construir campanhas mais certeiras e personalizadas.

Você aprenderá sobre técnicas para segmentar seu mercado, como criar uma buyer persona — o perfil do seu cliente ideal —, e como mapear a jornada do consumidor. Esses conceitos, que vamos aprofundar passo a passo, permitirão que você se conecte de maneira mais precisa e assertiva com quem realmente importa para o sucesso do seu negócio.

Prepare-se, porque o conhecimento que vem a seguir transformará a forma como você enxerga seus clientes e, mais ainda, como você se comunica com eles.

Segmentação de Mercado

A segmentação de mercado é o processo de dividir um mercado amplo em grupos menores e mais homogêneos de consumidores. Essa prática permite que as empresas entendam melhor as necessidades e desejos de seus clientes, facilitando a criação de estratégias de marketing mais eficazes e personalizadas.

A segmentação serve para identificar o público-alvo, personalizar a comunicação, otimizar recursos e diferenciar produtos. Ao segmentar o mercado, as empresas conseguem se conectar de maneira mais eficaz com seus consumidores, aumentando suas chances de sucesso.

Segmentação Demográfica: *(Idade, sexo, renda, escolaridade.)*
Essa segmentação ajuda a identificar características básicas do público, como se são jovens, adultos ou idosos, e se são homens ou mulheres. Isso contribui para entender como essas variáveis influenciam suas preferências de compra. Por exemplo, uma marca de produtos para a pele pode desenvolver linhas específicas para adolescentes e adultos, atendendo às necessidades de cada faixa etária.

Segmentação Geográfica: *(Região, clima, densidade populacional.)*
Essa abordagem permite compreender as diferenças regionais que podem afetar as preferências de consumo. Uma empresa de roupas pode oferecer peças leves em regiões quentes e roupas de frio em áreas mais frias, ajustando sua oferta de acordo com as condições climáticas e culturais.

Segmentação Psicográfica: *(Estilo de vida, valores, personalidade.)*
Essa segmentação é utilizada para compreender os interesses e comportamentos dos consumidores. Por exemplo, uma marca de produtos de limpeza pode focar em consumidores que valorizam a sustentabilidade, criando uma linha de produtos ecológicos que ressoem com seus valores e estilo de vida.

Segmentação Comportamental: *(Ocasiões de uso, lealdade à marca, benefícios buscados.)*
Essa análise examina como os consumidores interagem com o produto. Um serviço de assinatura de filmes, por exemplo, pode oferecer pacotes diferentes para famílias, solteiros ou cinéfilos, baseando-se nos padrões de consumo e preferências de visualização de cada grupo.

A segmentação de mercado é uma ferramenta essencial para qualquer estratégia de marketing eficaz. Ao dividir o público em grupos mais específicos, as empresas podem adaptar suas mensagens, produtos e serviços de forma a atender melhor as necessidades e desejos dos consumidores. Compreender as diferentes formas de segmentação—demográfica, geográfica, psicográfica e comportamental—permite que as marcas se conectem de maneira mais significativa com seu público-alvo, maximizando suas oportunidades de vendas e aumentando a fidelidade dos clientes. Investir tempo e recursos na segmentação é um passo crucial para alcançar o sucesso no mercado competitivo de hoje.

Buyer Persona: Quem é seu Cliente Ideal?

A buyer persona é uma representação semi-ficcional do cliente ideal de uma empresa, baseada em dados reais e análises sobre comportamentos, características demográficas, interesses e necessidades dos consumidores. Embora seja uma criação fictícia, a buyer persona é fundamentada em informações concretas que ajudam a entender como os clientes pensam, o que desejam e quais desafios enfrentam. O objetivo de criar uma buyer persona é permitir que a empresa desenvolva produtos, serviços e estratégias de marketing alinhados às necessidades reais do público-alvo, tornando suas ações mais eficazes e personalizadas.

Por que a buyer persona é importante?

Entender a buyer persona é fundamental para direcionar suas campanhas de marketing e comunicação de forma precisa. Com uma imagem clara de quem é seu cliente ideal, suas mensagens podem ser ajustadas para tratar diretamente dos problemas, desafios e desejos desse público. Essa personalização permite que a empresa se conecte de maneira mais profunda com os consumidores, aumentando as chances de conversão e retenção. Além disso, ao compreender o que motiva a buyer persona, as empresas podem criar produtos e serviços que realmente resolvam problemas e atendam às expectativas de seus clientes, oferecendo uma experiência de compra mais satisfatória. O conhecimento profundo sobre o cliente ideal também permite que a empresa ofereça uma jornada de compra mais personalizada, melhorando desde o primeiro contato até o pós-venda, o que pode resultar em maior fidelidade do consumidor e indicações positivas.

Como criar uma buyer persona?

A criação de uma buyer persona começa com a coleta e análise de dados sobre os clientes atuais e potenciais. As informações mais comuns incluem:

- **Dados demográficos:** *idade, gênero, ocupação, renda, nível de educação, localização, entre outros.*
- **Comportamentos e hábitos de compra:** *como e onde compram, quais são os fatores decisivos para a compra.*
- **Interesses e motivações:** *hobbies, valores, o que os inspira ou influencia.*
- **Desafios e dores:** *quais problemas enfrentam que seus produtos ou serviços podem resolver.*

Com esses dados, a empresa pode construir uma ou mais personas, que servem como guias para decisões estratégicas.

Exemplo de Buyer Persona:

Nome: Ana, a Mãe Ocupada
Idade: 35 anos
Ocupação: Gerente de Projetos em uma empresa de tecnologia
Interesses: Saúde e bem-estar, educação dos filhos, atividades em família
Desafios: Falta de tempo para atividades pessoais e de lazer, busca por soluções práticas para o dia a dia
Mensagem para Ana: "Nossos produtos são projetados para simplificar sua rotina e permitir mais tempo para o que realmente importa: sua família."

Análise da buyer persona: Ana é uma representação fictícia que reflete o perfil de uma mãe profissional e ocupada, que tem desafios específicos de conciliar trabalho e vida pessoal. Ela valoriza soluções que economizam tempo e que lhe permitam passar mais tempo com sua família. Portanto, uma empresa que oferece produtos ou serviços que possam atender a essa demanda de forma eficiente terá mais chances de capturar a atenção de "Ana" e convertê-la em cliente.

A Jornada do Consumidor

A jornada do consumidor é o processo pelo qual um cliente passa desde o primeiro contato com uma marca até a decisão de compra e, muitas vezes, a fidelização. Compreender essa jornada é essencial para as empresas, pois permite que elas se conectem com os consumidores em diferentes etapas e ofereçam experiências mais relevantes e personalizadas.

Reconhecimento do Problema:
Tudo começa quando o consumidor percebe que tem uma necessidade ou um problema a ser resolvido. Isso pode ocorrer por diversos motivos, como a busca por uma solução para um desconforto, a necessidade de um novo produto ou a influência de fatores externos, como recomendações de amigos ou tendências de mercado.

Pesquisa de Informações:
Após reconhecer a necessidade, o consumidor inicia uma fase de pesquisa. Nesse momento, ele busca informações sobre possíveis soluções, produtos ou serviços. Isso pode incluir pesquisa online, consultas a amigos ou familiares, ou a visita a lojas físicas. É fundamental que as empresas estejam presentes nesse estágio, proporcionando conteúdo informativo e relevante que ajude o consumidor em sua decisão.

Avaliação de Alternativas:
Com as informações coletadas, o consumidor começa a avaliar as diferentes opções disponíveis. Aqui, ele compara produtos e serviços, analisa preços, verifica características e lê avaliações de outros usuários. É crucial que as empresas destaquem os diferenciais de seus produtos e ofereçam provas sociais, como depoimentos e avaliações, para influenciar essa avaliação.

Decisão de Compra:
Após a comparação, o consumidor toma a decisão de compra. Essa fase pode ser influenciada por diversos fatores, como promoções, garantias, políticas de devolução e a experiência de compra oferecida pela empresa. Uma experiência de compra positiva pode ser decisiva para que o consumidor finalize a compra.

Pós-compra e Fidelização:
A jornada do consumidor não termina com a compra. O pós-compra é uma etapa crucial, pois é nesse momento que o cliente avalia sua satisfação com o produto ou serviço. Se a experiência for positiva, há grandes chances de que ele se torne um cliente fiel e até recomende a marca para outros. Estratégias de acompanhamento, como e-mails de agradecimento, pesquisas de satisfação e programas de fidelidade, podem reforçar esse relacionamento.

Entender a jornada do consumidor é fundamental para as empresas, pois cada etapa apresenta oportunidades únicas para se conectar com o público. Ao mapear essa jornada, as empresas podem identificar pontos de contato importantes, otimizar suas estratégias de marketing e vendas, e garantir que os consumidores recebam a informação e o suporte adequados em cada fase. Isso não apenas aumenta as chances de conversão, mas também contribui para a construção de um relacionamento duradouro e positivo com o cliente.

Ao investir tempo na compreensão da jornada do consumidor, as empresas se tornam mais aptas a antecipar as necessidades de seus clientes, resultando em experiências mais satisfatórias e, consequentemente, em um crescimento sustentável no mercado. Desde a fase de conscientização, onde o consumidor se dá conta de um problema ou desejo, ele começa a explorar soluções que podem atender suas necessidades. Esse momento é repleto de incertezas e expectativas. Ao se colocar no lugar do consumidor, é possível perceber a ansiedade que vem com a busca por informações. O cliente quer não apenas resolver seu problema, mas também se sentir seguro de que está fazendo a melhor escolha.

No momento de pesquisar, o consumidor se torna um explorador, navegando por diferentes fontes de informação, comparando opções e buscando recomendações. Ele se sente mais confiante quando encontra informações claras e úteis, o que aumenta a probabilidade de engajamento com a marca que oferece esse suporte. Na fase de avaliação, a comparação se torna um exercício de racionalidade e emoção, onde o consumidor pondera os prós e contras, se pergunta se a oferta é realmente a melhor e considera a reputação da marca.

Quando chega à decisão de compra, a experiência se torna ainda mais crítica. O consumidor não quer apenas comprar; ele deseja fazer um investimento que traga valor a longo prazo. A sensação de urgência pode surgir, especialmente quando promoções e ofertas estão em jogo. Aqui, a confiança na marca é essencial para que ele se sinta confortável em clicar no botão de "comprar".

Por fim, na etapa de pós-compra, o consumidor avalia se fez uma boa escolha. Esse momento é decisivo para a construção de um relacionamento contínuo. Se ele se sente satisfeito, pode se tornar um defensor da marca, recomendando-a a amigos e familiares e retornando para novas compras. Essa fase é uma oportunidade inestimável para as empresas, pois um cliente satisfeito não apenas traz novos negócios, mas também pode se tornar um promotor ativo da marca.

Ao entender cada um desses passos, as empresas têm a chance de criar uma experiência que ressoe profundamente com os consumidores, transformando uma simples transação em uma relação significativa e duradoura.

Funil de Vendas

O funil de vendas pode ser descrito como o caminho que os potenciais clientes percorrem até se tornarem compradores. Neste processo, cada etapa é crucial para garantir que os leads recebam o tratamento adequado até a decisão final de compra. Vamos explorar o funil de vendas de uma forma prática, dividindo-o em cinco etapas essenciais: *Prospecção, Qualificação, Apresentação, Follow-up e Negociação.*

1. Prospecção

A prospecção é a primeira etapa do funil e envolve a busca ativa de potenciais clientes. Aqui, a empresa começa a identificar e atrair pessoas ou empresas que possam ter interesse em seus produtos ou serviços. Esta fase pode ser feita de várias maneiras: por meio de campanhas de marketing, geração de leads através de conteúdos, redes sociais, ou até pela prospecção ativa, como o contato direto com possíveis clientes via e-mail, telefone ou eventos. O objetivo é gerar uma lista inicial de leads que possam ser convertidos em oportunidades de venda.

Nessa fase, o foco está em identificar oportunidades e aumentar a base de contatos.

2. Qualificação

Após a prospecção, a próxima etapa é a qualificação dos leads. Nem todos os contatos gerados na fase de prospecção estão prontos ou têm o perfil ideal para fazer uma compra. Por isso, é necessário analisar esses leads e identificar aqueles que realmente têm potencial para se tornarem clientes. A qualificação envolve entender se o lead tem uma necessidade que seu produto ou serviço pode resolver, se tem o orçamento adequado e se a decisão de compra pode ser tomada em um prazo razoável.

A qualificação pode ser feita com perguntas diretas, por meio de um SDR (Sales Development Representative), ou pela análise do comportamento do lead, como o nível de engajamento com o conteúdo da empresa.

3. Apresentação

A etapa de apresentação é onde a empresa mostra de forma mais detalhada o produto ou serviço ao potencial cliente. Depois que o lead foi qualificado, é o momento de fazer uma demonstração, apresentação ou proposta que mostre como a solução oferecida atende às necessidades específicas dele. Essa apresentação pode acontecer de várias maneiras: reuniões presenciais, demonstrações online, envio de propostas ou até através de apresentações em eventos.

O importante aqui é personalizar a apresentação, destacando os benefícios mais relevantes para o lead, com base nas informações obtidas nas fases anteriores.

4. Follow-up

O follow-up é a etapa de acompanhamento após a apresentação inicial. Nem sempre o cliente toma uma decisão de compra logo após a apresentação, e é aqui que o follow-up entra em ação. Essa fase envolve manter o contato com o lead, respondendo dúvidas, fornecendo informações adicionais e garantindo que o potencial cliente continue envolvido. O acompanhamento pode ocorrer por e-mails, telefonemas ou reuniões de acompanhamento, sendo uma das fases mais importantes para aumentar a taxa de conversão.

Um follow-up eficiente é feito de maneira proativa, mas sem ser invasivo, demonstrando que a empresa está disposta a ajudar o lead a tomar a melhor decisão.

5. Negociação

Por fim, a etapa de negociação é onde os detalhes finais da transação são discutidos. Isso pode incluir ajustes no preço, condições de pagamento, prazos de entrega ou outros detalhes importantes. A negociação precisa ser tratada com cuidado para garantir que ambas as partes saiam satisfeitas. Aqui, a habilidade de criar um acordo vantajoso para o cliente e para a empresa é fundamental. Um bom negociador escuta o que o cliente valoriza e tenta equilibrar os interesses da empresa e as expectativas do comprador.

Essa é a fase em que o lead está mais próximo de se converter em cliente, e uma boa negociação pode consolidar essa transição.

Por que Compreender esse Funil é Importante?

Entender e aplicar o funil de vendas estruturado em Prospecção, Qualificação, Apresentação, Follow-up e Negociação é fundamental porque ele permite que a empresa conduza o cliente ao longo de uma jornada controlada. Cada etapa tem um papel específico, e ao identificar em qual estágio o cliente se encontra, a empresa pode oferecer as interações corretas para aumentar as chances de fechar a venda.

Esse modelo também facilita a otimização de esforços. Em vez de gastar tempo tentando vender para leads não qualificados, a equipe pode focar nos potenciais clientes com mais chances de conversão. Além disso, ao acompanhar de perto o progresso de cada lead, a empresa garante um atendimento mais personalizado e eficiente, o que melhora tanto as taxas de conversão quanto a experiência do cliente.

Com um funil bem estruturado, a empresa não apenas vende, mas constrói um processo repetível e escalável, capaz de gerar resultados consistentes ao longo do tempo.

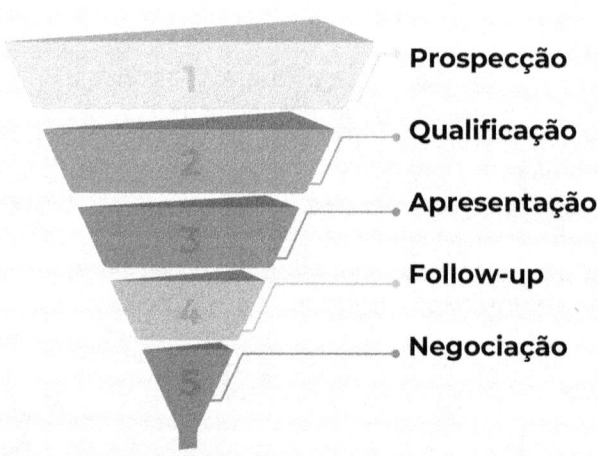

SDR (Sales Development Representative)

O Sales Development Representative (SDR), ou Representante de Desenvolvimento de Vendas, é uma função crucial dentro do processo de vendas de muitas empresas, especialmente aquelas que possuem ciclos de vendas mais complexos e um grande volume de leads para gerenciar.

O Papel do SDR no Processo Comercial

O SDR atua na fase inicial do funil de vendas, sendo responsável pela prospecção e qualificação de leads. Isso significa que ele identifica, aborda e avalia potenciais clientes para garantir que estejam prontos para serem encaminhados ao time de vendas. O objetivo principal é gerar oportunidades qualificadas, ou seja, leads que têm alta probabilidade de se tornarem clientes.

Ao invés de se concentrar em fechar negócios, o SDR foca em criar relacionamentos iniciais e entender as necessidades do cliente. Esse trabalho permite que o time de vendas se concentre nos leads mais preparados para realizar uma compra, otimizando o tempo e os esforços da equipe comercial.

Principais Responsabilidades de um SDR

Prospecção de Leads: *Um dos papéis mais importantes do SDR é buscar e identificar leads potenciais. Isso pode ser feito através de diversas fontes, como listas de contatos, ferramentas de automação, redes sociais e eventos de networking.*

Qualificação de Leads: *O SDR precisa analisar se os leads estão prontos para avançar no funil de vendas. Isso envolve entender se o lead tem o perfil adequado, se apresenta as dores que o produto ou serviço da empresa pode resolver e se tem interesse em avançar no processo.*

Contato Iniciador: Um SDR faz o primeiro contato com o lead, seja por telefone, e-mail ou outras formas de comunicação. O objetivo é gerar uma conversa inicial que ajude a identificar as oportunidades e preparar o terreno para que o lead seja encaminhado ao time de vendas.

Pesquisa e Inteligência de Mercado: Além de prospectar e qualificar, o SDR também precisa estar atento ao mercado, entender as tendências do setor e a concorrência, e adaptar suas abordagens conforme as necessidades do momento.

Enquanto um vendedor é focado no fechamento da venda, o SDR é focado na criação de oportunidades. Um SDR trabalha diretamente na primeira etapa do funil de vendas, enquanto o vendedor atua nas fases finais, que envolvem a apresentação detalhada do produto/serviço, negociação e fechamento do contrato.

O trabalho de um SDR é valioso para otimizar a eficiência do processo de vendas. Ao qualificar leads antes de encaminhá-los para a equipe de vendas, ele economiza tempo dos vendedores e garante que eles se concentrem nas melhores oportunidades. Essa divisão de responsabilidades entre SDRs e vendedores ajuda a melhorar os resultados comerciais e aumentar a taxa de conversão de leads em clientes.

Além disso, com o SDR atuando na fase inicial, as empresas conseguem atender um número maior de leads e manter uma estratégia de nutrição contínua, abordando potenciais clientes no momento certo e com a mensagem certa. Isso ajuda a construir um pipeline de vendas saudável, essencial para o crescimento sustentável da empresa.

Os SDRs geralmente utilizam ferramentas de automação para facilitar seu trabalho, como sistemas de CRM (Customer Relationship Management), que permitem acompanhar o progresso dos leads ao longo do funil de vendas. Outras ferramentas de automação, como aquelas que programam envios de e-mails ou fazem pesquisas de dados, também são essenciais para escalar as atividades de prospecção.

O SDR é uma peça-chave no processo de vendas, ajudando a otimizar o tempo dos vendedores e aumentar a eficiência da equipe comercial. Com uma estratégia bem definida e uso de ferramentas adequadas, o trabalho do SDR pode gerar grandes resultados, trazendo leads mais qualificados e aumentando as chances de conversão.

Os SDRs (Sales Development Representatives) desempenham um papel crucial na identificação do público-alvo, qualificando potenciais clientes e garantindo que o time de vendas foque nos leads mais promissores. Utilizando ferramentas de automação, como CRMs e plataformas de e-mail, eles analisam dados, filtram leads e os alinham com a buyer persona e a jornada do consumidor. Isso otimiza o processo de vendas, economiza tempo dos vendedores e aumenta as chances de conversão, tornando o trabalho dos SDRs essencial para transformar a estratégia de segmentação em resultados reais.

Capítulo 3

Estratégias de Marketing Tradicional

Quando falamos de marketing, muitas vezes o foco vai diretamente para o digital, especialmente nos dias de hoje, onde tudo está conectado. No entanto, as estratégias de marketing tradicional ainda têm um papel fundamental para muitas empresas. Elas são ferramentas poderosas para alcançar e impactar públicos de maneira direta e tangível. Se você já assistiu a um comercial de TV, ouviu um anúncio de rádio, viu outdoors na rua ou participou de uma feira de negócios, você já teve contato com algumas das principais táticas de marketing tradicional.

Mas por que o marketing tradicional ainda importa? Simples: ele oferece uma conexão física e muitas vezes emocional com o público. E, quando bem executado, pode ser um complemento incrível às estratégias digitais, criando uma abordagem mais completa e robusta para o seu negócio. Vamos dar uma olhada mais profunda nas principais formas de marketing tradicional e entender como elas ainda podem fazer a diferença para o sucesso de uma empresa.

Nos próximos tópicos, você vai conhecer como funcionam essas estratégias mais "clássicas", como a publicidade em mídias offline, que ainda alcança milhões de pessoas diariamente, e a importância de participar de feiras e eventos presenciais, uma excelente maneira de criar contatos diretos e gerar vendas. Entender o valor dessas abordagens será crucial para integrar suas ações de marketing de forma mais eficiente e atingir seus objetivos de maneira mais abrangente.

Publicidade em Mídias Offline

A publicidade em mídias offline abrange uma variedade de canais tradicionais, como TV, rádio, jornais, revistas, outdoors e até mesmo panfletos. Mesmo com o crescimento das estratégias digitais, muitas marcas continuam investindo fortemente nesses meios. A razão é simples: a publicidade offline ainda atinge um grande número de pessoas e é especialmente eficaz para criar uma presença de marca forte e memorável.

Coca-Cola e suas campanhas de TV

A Coca-Cola é um excelente exemplo de uma marca global que continua investindo em publicidade tradicional, especialmente em comerciais de TV. Por décadas, a Coca-Cola usou esse meio para reforçar sua imagem de marca e criar conexões emocionais com seus consumidores, principalmente em datas comemorativas, como o Natal.

Por que a TV ainda funciona para a Coca-Cola?

- **Grande alcance:** *Mesmo com o avanço do streaming, a TV ainda alcança milhões de pessoas simultaneamente, o que é perfeito para campanhas de marca global, como a Coca-Cola.*

- **Impacto emocional:** *Comerciais de TV oferecem a oportunidade de contar histórias visuais e emocionantes. A Coca-Cola se destaca ao associar sua bebida a momentos felizes e de celebração, criando um vínculo emocional que vai além do produto.*

Nos últimos anos, a Coca-Cola tem mantido uma estratégia híbrida, combinando mídias digitais com suas tradicionais campanhas de TV. Um estudo comparativo das campanhas de fim de ano da Coca-Cola mostrou que os anúncios de TV continuaram a ter um impacto significativo no reconhecimento de marca e na lembrança de publicidade.

Em 2019, a Coca-Cola investiu fortemente em comerciais de TV durante a temporada de festas e viu um aumento de 4% nas vendas no último trimestre, comparado ao ano anterior.
Em 2022, mesmo com o crescimento das plataformas digitais, a empresa manteve sua presença na TV e registrou um aumento de 3% nas vendas globais, além de uma forte presença no top of mind dos consumidores.

A publicidade em mídias offline, apesar do avanço das estratégias digitais, continua desempenhando um papel essencial no marketing comercial, especialmente para marcas que desejam alcançar grandes audiências e criar conexões emocionais duradouras. O exemplo da Coca-Cola demonstra que, mesmo em um mundo cada vez mais digital, o impacto das campanhas de TV permanece relevante, gerando resultados expressivos em vendas e reforçando a presença de marca.

A combinação de marketing tradicional com estratégias digitais é uma abordagem inteligente, pois permite que as empresas alcancem seus públicos em diferentes momentos e formatos, potencializando seus esforços de marketing. No próximo tópico, você verá outras formas de marketing tradicional, como a participação em feiras e eventos, e como elas também podem trazer grandes benefícios para o seu negócio.

Participação em Feiras e Eventos

A participação em feiras e eventos é uma estratégia tradicional de marketing que continua a ser muito eficaz, especialmente para empresas que desejam criar relacionamentos diretos e duradouros com seus clientes, parceiros e fornecedores. Esses eventos proporcionam um ambiente onde as marcas podem não apenas expor seus produtos ou serviços, mas também interagir pessoalmente com o público-alvo, oferecer experiências práticas e gerar novas oportunidades de negócios.

A Importância das Feiras e Eventos

Contato direto com o público: *Uma das maiores vantagens de feiras e eventos é a oportunidade de interagir diretamente com os consumidores. Diferente do marketing digital, onde o contato é indireto e muitas vezes impessoal, nesses eventos as empresas podem criar uma conexão mais humana, respondendo dúvidas em tempo real, recebendo feedback imediato e demonstrando produtos de forma prática.*

Aumento da visibilidade da marca: *Participar de feiras setoriais coloca a sua marca em destaque dentro do nicho em que ela atua. Empresas que frequentam esses eventos são vistas como relevantes e ativas no mercado, o que fortalece a imagem da marca e atrai potenciais clientes.*

Networking: *Além de atrair consumidores, esses eventos são excelentes para construir redes de contatos com outros profissionais do setor. Feiras de negócios, por exemplo, oferecem a chance de encontrar parceiros estratégicos, fornecedores e até investidores, criando uma rede de contatos que pode ser fundamental para o crescimento da empresa.*

Lançamento de produtos: *Muitos negócios utilizam feiras e eventos como palco para o lançamento de novos produtos ou serviços. Isso permite que a empresa cause um impacto imediato, gerando curiosidade e desejo nos consumidores que estão presentes. Além disso, a cobertura da mídia desses eventos pode amplificar o alcance da novidade para um público ainda maior.*

A experiência da marca: Nesses eventos, a empresa pode criar uma experiência imersiva para o público. Isso vai além de exibir produtos – trata-se de criar um ambiente em que o cliente possa vivenciar a essência da marca. Um estande bem planejado pode impactar significativamente a percepção do consumidor e deixá-lo mais engajado.

Um exemplo de sucesso é a Volkswagen, que participa regularmente de grandes feiras de automóveis, como o Salão do Automóvel. Nesses eventos, a Volkswagen utiliza a plataforma para lançar seus veículos mais inovadores, proporcionando ao público a oportunidade de ver e experimentar os carros de perto, além de conversar com especialistas da marca. Esse tipo de interação direta cria uma experiência única, que fortalece a relação emocional entre a marca e o consumidor, algo que seria difícil de alcançar apenas com campanhas digitais.

Empresas que investem em feiras e eventos frequentemente observam um aumento significativo nas vendas e no reconhecimento da marca. No caso da Volkswagen, sua participação contínua em eventos de grande porte fortalece sua posição de liderança no mercado automotivo. Além disso, um estudo da Exhibitor Media Group mostrou que 81% dos participantes de feiras consideram esses eventos eficazes para gerar leads qualificados, e 85% das empresas afirmam que esses encontros ajudam a construir uma forte presença de marca no mercado.

Participar de feiras e eventos proporciona às empresas a oportunidade de se conectar diretamente com seus clientes, ampliar sua rede de contatos e reforçar sua presença no mercado. Esse tipo de marketing tradicional, como demonstrado pelo sucesso da Volkswagen, continua a ser uma estratégia vital para o crescimento e a visibilidade de muitas empresas.

Capitulo 4

O Poder do Marketing Digital

Nos últimos anos, o marketing digital transformou a forma como as empresas se conectam com seus clientes. Enquanto o marketing tradicional, como vimos, continua a desempenhar um papel importante, o digital oferece um novo mundo de possibilidades. A principal vantagem é a capacidade de alcançar pessoas em qualquer lugar do mundo, de forma precisa e personalizada. O marketing digital permite que as empresas sejam encontradas pelos consumidores no momento certo, através das plataformas que eles utilizam no dia a dia – como mecanismos de busca, redes sociais, e-mails e muito mais.

*Mas por que o marketing digital é tão poderoso?
Ele oferece uma série de ferramentas que permitem medir cada passo do consumidor, personalizar ofertas de forma eficiente e ajustar as estratégias em tempo real. Com isso, os negócios podem otimizar seus esforços e garantir que cada ação de marketing seja relevante e eficaz.*

Nos próximos tópicos, você vai descobrir como algumas das principais estratégias do marketing digital, como SEO (otimização para motores de busca), marketing de conteúdo, mídias sociais e publicidade paga online, podem transformar a forma como sua empresa se comunica e vende seus produtos ou serviços. Essas táticas, quando bem aplicadas, podem ampliar o alcance da sua marca, aumentar suas vendas e fidelizar seus clientes de maneira sustentável.

Prepare-se para explorar todo o potencial que o marketing digital oferece e como ele pode se tornar um pilar fundamental no sucesso do seu negócio!

SEO: Otimização para Motores de Busca

O SEO (Search Engine Optimization), ou Otimização para Motores de Busca, é uma das estratégias mais fundamentais dentro do marketing digital. Ele abrange um conjunto de práticas voltadas para melhorar o posicionamento de um site nos resultados de busca de plataformas como o Google. Quando bem implementado, o SEO pode levar seu site a figurar nas primeiras posições das pesquisas, aumentando o tráfego orgânico (não pago) e, consequentemente, as oportunidades de conversão de visitantes em clientes.

Por que o SEO é tão importante?

A maioria dos usuários da internet recorre a motores de busca para encontrar produtos, serviços e informações. Estudos mostram que uma porcentagem significativa dos cliques vai para os primeiros resultados exibidos. Se o seu site estiver bem posicionado, ele se tornará mais visível para aqueles que estão realmente interessados no que você oferece, o que pode resultar em um aumento significativo de visitantes.

Além disso, o SEO contribui para construir a credibilidade e a autoridade da sua marca. Sites que aparecem no topo dos resultados são frequentemente percebidos como mais confiáveis pelos usuários. Essa percepção pode aumentar a confiança do consumidor na sua empresa e levar a uma maior taxa de conversão.

Principais Elementos do SEO

Palavras-chave: *A base de uma boa estratégia de SEO começa com a pesquisa de palavras-chave relevantes para o seu negócio. É crucial identificar os termos que seu público-alvo utiliza nas buscas e incorporá-los de forma estratégica no conteúdo do site.*

Conteúdo de Qualidade: O conteúdo é rei no mundo do SEO. Produzir artigos, postagens de blog, vídeos e descrições de produtos que sejam informativos e úteis para os usuários é essencial. Os motores de busca priorizam sites que oferecem valor real aos visitantes.

SEO On-page: Refere-se à otimização dos elementos dentro do próprio site, como títulos, descrições, URLs, imagens e a estrutura do conteúdo. Uma boa prática de SEO on-page facilita tanto para os motores de busca quanto para os usuários a navegação e a compreensão do site.

SEO Off-page: Envolve fatores externos que influenciam o posicionamento, como backlinks de outros sites que apontam para o seu. Quanto mais relevantes e confiáveis forem esses links, maior será a autoridade que os motores de busca atribuem ao seu site.

Experiência do Usuário (UX): A experiência do usuário é um aspecto crítico para o SEO. Sites que carregam rapidamente, são responsivos (adaptados para dispositivos móveis) e têm uma navegação intuitiva são melhor avaliados pelos motores de busca. Uma boa experiência do usuário resulta em menor taxa de rejeição e maior tempo de permanência no site, dois fatores que impactam positivamente no ranqueamento.

O SEO é uma estratégia de longo prazo que não traz resultados imediatos, mas seus benefícios são duradouros e sustentáveis. Empresas que investem no SEO frequentemente observam um aumento contínuo no tráfego do site sem precisar gastar continuamente com anúncios pagos. Isso resulta em uma fonte de visitantes que não apenas trazem mais potenciais clientes, mas também contribuem para a construção de uma base sólida de leads qualificados.

Compreender e aplicar as técnicas de SEO é essencial para melhorar a visibilidade da sua marca no ambiente digital. Nos próximos tópicos, você verá outras estratégias que, quando combinadas com o SEO, podem potencializar ainda mais os resultados da sua empresa, como o marketing de conteúdo, as mídias sociais e a publicidade paga online.

Marketing de Conteúdo

O marketing de conteúdo é uma estratégia essencial dentro do marketing digital que se concentra na criação e distribuição de conteúdo relevante e valioso, com o objetivo de atrair, engajar e converter um público-alvo específico. Em vez de se concentrar apenas na venda de produtos ou serviços, essa abordagem busca educar, informar e entreter os consumidores, construindo um relacionamento de confiança e autoridade ao longo do tempo.

A importância do marketing de conteúdo se manifesta de várias maneiras. Produzir conteúdo que responda às necessidades e interesses do seu público é uma maneira eficaz de atrair visitantes genuinamente interessados na sua marca. Esse tráfego qualificado resulta em uma maior probabilidade de conversão, pois os visitantes estão mais propensos a interagir com um conteúdo que realmente ressoe com suas preocupações e interesses.

Além disso, ao compartilhar informações úteis e relevantes, sua marca se posiciona como uma autoridade no setor. Isso não apenas aumenta a confiança dos consumidores, mas também os torna mais propensos a escolher sua empresa em vez da concorrência. A credibilidade construída por meio do marketing de conteúdo é um ativo valioso que pode diferenciar sua marca no mercado.

Outro aspecto importante é a relação entre marketing de conteúdo e SEO. Criar conteúdo relevante e de qualidade que utilize palavras-chave adequadas melhora seu ranqueamento nos motores de busca, aumentando sua visibilidade online. Esse aumento de visibilidade atrai mais visitantes, resultando em um ciclo positivo de crescimento.

O engajamento com o público também é um fator crucial. Conteúdo interessante e útil promove a interação dos usuários por meio de comentários, compartilhamentos e interações nas redes sociais. Esse tipo de interação não apenas aumenta a visibilidade da sua marca, mas também fornece insights valiosos sobre as preferências e necessidades do seu público. O feedback obtido pode ser utilizado para ajustar sua estratégia de conteúdo, tornando-a ainda mais eficaz.

Por fim, o marketing de conteúdo vai além da venda inicial e se torna uma ferramenta poderosa para nutrir e fidelizar clientes. Oferecer conteúdo relevante e contínuo, como newsletters, blogs e guias, mantém os clientes engajados e informados, aumentando as chances de recompra e promovendo um relacionamento duradouro com a marca.

Tipos de Conteúdo no Marketing de Conteúdo

O marketing de conteúdo abrange uma ampla variedade de formatos e estilos, permitindo que as empresas se conectem com seu público de maneiras diferentes. Cada tipo de conteúdo pode ser adaptado para atender às necessidades específicas do público-alvo, oferecer valor e alcançar os objetivos da marca.

Blogs e Artigos: As postagens de blog são uma forma popular de marketing de conteúdo. Elas podem variar de análises aprofundadas sobre tópicos relevantes a dicas práticas e tutoriais. Blogs ajudam a educar o público, a melhorar o SEO e a atrair tráfego orgânico para o site, além de serem uma ótima maneira de construir autoridade no setor.

Vídeos: O conteúdo em vídeo pode incluir tutoriais, entrevistas, webinars e vídeos explicativos. Plataformas como YouTube e redes sociais são canais populares para a distribuição de vídeos. Os vídeos são altamente envolventes e podem transmitir informações de forma eficaz e visual, aumentando a visibilidade da marca e promovendo engajamento.

Infográficos: Infográficos combinam dados e informações em um formato visual atraente, facilitando a compreensão e a retenção de informações. Eles são ótimos para comunicar informações complexas de maneira simples e visual, aumentando o compartilhamento nas redes sociais.

Postagens em Redes Sociais: Esse tipo de conteúdo inclui texto, imagens, vídeos e stories em plataformas como Facebook, Instagram, Twitter e LinkedIn. As redes sociais são fundamentais para o engajamento com o público, permitindo interações diretas e construindo uma comunidade em torno da marca.

Webinars: Seminários online que permitem a interação em tempo real com o público, incluindo apresentações e sessões de perguntas e respostas. Os webinars são uma excelente maneira de educar o público e demonstrar a expertise da sua marca, além de gerar leads qualificados.

Podcasts: Conteúdo em formato de áudio que pode ser ouvido a qualquer momento. Os podcasts oferecem uma maneira flexível e acessível de alcançar o público, permitindo que as pessoas consumam informações enquanto realizam outras atividades.

Estudos de Caso: Relatos detalhados sobre como um produto ou serviço ajudou um cliente a resolver um problema ou alcançar resultados positivos. Eles são eficazes para demonstrar a eficácia do seu produto ou serviço e construir credibilidade.

Newsletters: Boletins informativos enviados por e-mail que podem incluir atualizações sobre a empresa, novos conteúdos e ofertas. Elas são uma ótima maneira de manter contato com clientes e leads, promovendo conteúdo novo e engajando o público.

A diversidade de tipos de conteúdo disponíveis permite que as empresas se comuniquem com seu público de maneiras variadas e impactantes. A escolha dos formatos certos deve ser baseada nas preferências do seu público-alvo e nos objetivos de marketing da sua empresa. Utilizar uma combinação de diferentes tipos de conteúdo pode maximizar o alcance, o engajamento e a conversão, criando uma estratégia de marketing de conteúdo mais robusta e eficaz. Nos próximos tópicos, você verá como as mídias sociais e a publicidade paga online podem complementar essas estratégias e aumentar ainda mais a eficácia do seu marketing digital.

Mídias Sociais

As mídias sociais são uma das ferramentas mais poderosas no marketing digital, revolucionando a maneira como as marcas se conectam e engajam com seus consumidores. Plataformas como Facebook, Instagram, LinkedIn e TikTok não são apenas canais de divulgação de conteúdo, mas também verdadeiros espaços de interação em tempo real entre marcas e público. O uso estratégico dessas redes permite criar um relacionamento direto com os consumidores, impulsionar o reconhecimento da marca e promover engajamento contínuo.

Um dos grandes diferenciais das mídias sociais é a segmentação de público. As marcas podem atingir grupos específicos com base em interesses, comportamentos e dados demográficos, o que aumenta a relevância das campanhas e potencializa os resultados. Com essa capacidade, é possível criar anúncios personalizados e monitorar o desempenho em tempo real, ajustando as estratégias conforme o feedback do público.

Além disso, as mídias sociais oferecem um alcance orgânico que, quando bem trabalhado, pode gerar um efeito de "boca a boca digital", onde os próprios usuários recomendam e compartilham conteúdos da marca. Isso constrói um senso de comunidade e fidelidade entre os seguidores, fazendo com que eles se tornem promotores ativos dos produtos ou serviços.

O conteúdo visual também desempenha um papel central nas mídias sociais. Postagens com imagens, vídeos e gráficos chamativos tendem a gerar mais engajamento, permitindo que as marcas contem histórias de forma mais impactante. Essas histórias visuais ajudam a estabelecer uma conexão emocional com o público, tornando a comunicação mais envolvente e memorável. Por fim, não podemos ignorar a importância da publicidade paga nas mídias sociais. Campanhas publicitárias bem segmentadas permitem que as marcas alcancem novos públicos além de seus seguidores orgânicos, gerando visibilidade e promovendo conversões de forma mais rápida e eficaz.

As mídias sociais transformaram o marketing digital ao proporcionar uma conexão direta e constante entre marcas e consumidores. Elas não só permitem que as empresas alcancem públicos de forma segmentada e eficaz, mas também oferecem um ambiente interativo, onde o engajamento se torna o combustível para a construção de comunidades e fidelidade à marca. O poder das redes sociais vai além de curtidas e compartilhamentos; é sobre criar experiências significativas que geram valor e promovem relacionamentos duradouros.

No entanto, as mídias sociais são apenas uma parte de uma estratégia digital mais ampla. Ao serem combinadas com outras táticas, como a publicidade paga online, que exploraremos a seguir, o impacto pode ser amplificado, garantindo que sua marca não só seja vista, mas também lembrada. A capacidade de equilibrar engajamento orgânico e campanhas pagas será um dos fatores decisivos para o sucesso das suas ações de marketing digital, ajudando a maximizar o retorno sobre o investimento e alcançar novos níveis de crescimento.

Publicidade Paga Online

No marketing digital, tanto a publicidade paga quanto as estratégias orgânicas desempenham papéis essenciais, mas com abordagens e resultados diferentes. As estratégias orgânicas, como SEO e marketing de conteúdo, concentram-se em atrair e engajar o público ao longo do tempo de forma gratuita, construindo autoridade e confiança de forma duradoura. Já a publicidade paga oferece um caminho mais rápido e direto para aumentar a visibilidade, gerar tráfego e promover conversões de maneira imediata. Compreender as diferenças e como integrar essas duas abordagens é crucial para desenvolver uma estratégia de marketing digital eficaz.

A Importância do Marketing de Conteúdo e SEO

O marketing de conteúdo e o SEO são peças-chave nas estratégias orgânicas. O marketing de conteúdo envolve a criação de conteúdo valioso, como blogs, vídeos, infográficos e posts em redes sociais, que atrai e envolve o público de forma contínua. O SEO, por sua vez, visa melhorar o posicionamento orgânico nos motores de busca, tornando sua marca mais visível sem depender de anúncios pagos. A importância dessas estratégias orgânicas se reflete em diversos aspectos:

- **Construção de Autoridade e Confiança:** Ao fornecer informações relevantes e úteis, a marca se estabelece como referência no setor, aumentando a credibilidade e a confiança dos consumidores.

- **Atrair Tráfego Qualificado a Longo Prazo:** Conteúdos bem otimizados para SEO têm o potencial de gerar tráfego de forma consistente e sustentável ao longo do tempo, sem custos por cliques ou visualizações.

- **Engajamento e Fidelização:** O conteúdo de valor não apenas atrai novos visitantes, mas também mantém o público existente engajado, promovendo a fidelidade à marca e a possibilidade de recompra.

No entanto, apesar dos benefícios de longo prazo, essas estratégias demandam tempo para gerar resultados visíveis. É aqui que a publicidade paga online entra em ação para oferecer resultados mais rápidos e diretos.

Publicidade Paga Online: Impacto Imediato e Alta Precisão

A publicidade paga online, também conhecida como mídia paga, é ideal para empresas que buscam alcançar rapidamente um público específico e obter resultados quase imediatos. Utilizando plataformas como Google Ads, Facebook Ads, Instagram Ads e anúncios em redes de display, as empresas podem promover seus produtos e serviços diretamente para pessoas interessadas.

As principais vantagens da publicidade paga online incluem:

Visibilidade Instantânea: *Assim que a campanha é lançada, os anúncios começam a ser exibidos para o público-alvo, gerando tráfego imediato para o site ou landing page da empresa.*

Segmentação Precisa: *A publicidade paga permite segmentar os anúncios com grande precisão, utilizando critérios como idade, localização, interesses, comportamento de navegação e até intenções de compra. Isso garante que os anúncios sejam mostrados às pessoas certas, no momento certo.*

Controle Orçamentário Flexível: *As campanhas pagas oferecem total controle sobre o orçamento. É possível definir limites diários de gastos, ajustar o custo por clique (CPC) e reavaliar os investimentos com base nos resultados. Isso garante que cada real investido seja usado da maneira mais eficiente.*

Mensuração de Resultados em Tempo Real: *Uma das maiores vantagens é a capacidade de monitorar o desempenho da campanha em tempo real. Métricas como cliques, impressões, conversões e custo por aquisição (CPA) são rastreadas e analisadas, permitindo ajustes rápidos para otimizar os resultados.*

Aumento de Conversões: A publicidade paga é eficaz em direcionar o público certo para ofertas específicas, aumentando as chances de conversão, especialmente quando combinada com estratégias de remarketing, que reengajam usuários que já interagiram com a marca anteriormente.

Principais Formas de Publicidade Paga Online

Anúncios de Pesquisa (Search Ads): Utilizados principalmente no Google Ads, esses anúncios são exibidos com base em palavras-chave pesquisadas pelos usuários. Eles aparecem no topo dos resultados de busca, sendo altamente eficazes para atingir pessoas que já estão procurando por produtos ou serviços semelhantes ao que você oferece.

Anúncios em Redes Sociais (Social Ads): Facebook, Instagram, LinkedIn e TikTok permitem a criação de anúncios que aparecem no feed dos usuários com base em suas preferências e comportamentos. Essas plataformas são valiosas para engajamento, conversão e também para aumentar o reconhecimento da marca.

Display Ads: Anúncios visuais que aparecem em sites parceiros e redes de display. Eles ajudam a aumentar a visibilidade da marca e são ideais para remarketing, lembrando os usuários de produtos que já visualizaram em seu site.

Anúncios em Vídeo: Utilizando plataformas como YouTube, anúncios em vídeo são altamente envolventes e eficazes para captar a atenção do público de forma visual e emocional. Eles podem ser exibidos antes ou durante vídeos, aumentando o alcance da mensagem.

Anúncios Nativos: Esses anúncios se integram ao conteúdo de um site ou plataforma de forma que parecem ser parte do conteúdo editorial, oferecendo uma experiência menos intrusiva e mais fluida para o usuário.

Remarketing: Uma ferramenta poderosa que permite exibir anúncios para usuários que já visitaram seu site, mas não converteram. Isso aumenta a taxa de conversão, já que o público já demonstrou interesse anterior.

Integração entre Estratégias Pagas e Orgânicas
O grande poder do marketing digital está na sinergia entre as estratégias pagas e orgânicas. Embora a publicidade paga ofereça resultados rápidos, ela também pode ser utilizada para complementar e amplificar os efeitos das táticas orgânicas.
Por exemplo, enquanto uma campanha de Google Ads pode impulsionar o tráfego imediato, uma estratégia de SEO bem planejada ajuda a manter sua marca competitiva nos resultados de busca a longo prazo. Da mesma forma, os anúncios pagos em redes sociais ajudam a expandir o alcance, enquanto o conteúdo orgânico mantém o engajamento dos seguidores e constrói um relacionamento de confiança com o público.

No mundo do marketing digital, equilibrar o uso de publicidade paga e estratégias orgânicas é crucial para obter o melhor dos dois mundos. A publicidade paga online oferece resultados imediatos, alta segmentação e controle orçamentário, tornando-se indispensável para empresas que buscam crescimento acelerado. Em contrapartida, as estratégias orgânicas, como o SEO e o marketing de conteúdo, são fundamentais para construir uma presença digital sólida, confiável e sustentável a longo prazo.

Ao combinar essas abordagens, sua empresa não só atrai e converte novos clientes de forma rápida, como também constrói uma base duradoura de seguidores e clientes leais.

Capítulo 5

Marketing de Relacionamento

No atual cenário de negócios, onde os consumidores têm acesso a uma infinidade de opções e informações, o marketing de relacionamento se torna uma estratégia essencial para o sucesso das empresas. Ao contrário do enfoque tradicional, que se concentra apenas na transação de venda, o marketing de relacionamento visa construir laços duradouros e significativos com os clientes.

Esses laços são fundamentais porque um cliente satisfeito não só retorna para comprar mais, mas também se torna um defensor da marca, compartilhando sua experiência positiva com outras pessoas. O foco não está apenas em fazer uma venda, mas em cultivar um relacionamento que beneficia ambas as partes.

Neste capítulo, exploraremos a importância de fidelizar clientes, como as empresas podem cultivar essas relações e as vantagens que isso traz a longo prazo. Discutiremos também a criação de programas de fidelidade, que são ferramentas eficazes para incentivar a repetição de compras e fortalecer a conexão emocional com os consumidores.

Convidamos você a nos acompanhar enquanto mergulhamos nesse tema vital, que é o relacionamento com o cliente, e descubra como essa abordagem pode transformar a maneira como você se relaciona com seu público e potencializa os resultados do seu negócio.

Fidelização de Clientes

A fidelização de clientes é uma estratégia essencial dentro do marketing de relacionamento. O seu objetivo é muito claro: transformar clientes ocasionais em consumidores fiéis, que não apenas retornam para comprar novamente, mas também se tornam defensores da marca, promovendo-a entre amigos e familiares. Esse processo de fidelização é vital para a sustentabilidade de uma empresa, especialmente em um mercado competitivo.

Por Que a Fidelização de Clientes É Importante?

Fidelizar clientes traz uma série de benefícios para as empresas:

Redução de Custos: *Manter um cliente já existente é, em muitos casos, menos custoso do que conquistar um novo. As empresas que investem na fidelização podem reduzir seus custos de aquisição de clientes.*

Aumento do Valor do Cliente: *Clientes fiéis tendem a gastar mais ao longo do tempo. Eles conhecem a marca, confiam nela e, portanto, estão mais propensos a comprar produtos ou serviços adicionais.*

Promoção Orgânica: *Clientes satisfeitos compartilham suas experiências positivas com amigos e familiares, promovendo a marca de forma orgânica. O boca a boca é uma das formas mais eficazes de marketing.*

Feedback e Melhoria Contínua: *Clientes leais são mais propensos a fornecer feedback construtivo. Isso ajuda as empresas a aprimorar produtos e serviços, alinhando-se melhor às expectativas do consumidor.*

Um exemplo notável de uma empresa que implementa estratégias eficazes de fidelização é a Starbucks, a famosa rede de cafeterias. A Starbucks lançou o programa de fidelidade Starbucks Rewards, que não apenas recompensa os clientes por suas compras, mas também cria um relacionamento mais próximo e personalizado com eles.

Como Funciona o Programa Starbucks Rewards?

Acúmulo de Estrelas: *Cada vez que um cliente faz uma compra utilizando o aplicativo da Starbucks ou seu cartão de fidelidade, ele acumula "estrelas". Essas estrelas podem ser trocadas por recompensas, como bebidas gratuitas, comidas ou outros produtos.*

Benefícios Exclusivos: *Os membros do programa têm acesso a promoções exclusivas e ofertas personalizadas. Por exemplo, os clientes podem receber um café gratuito em seu aniversário ou ofertas especiais em seus itens favoritos, o que aumenta a percepção de valor.*

Experiência Personalizada: *O aplicativo da Starbucks coleta dados sobre as preferências dos consumidores, permitindo que a empresa faça recomendações personalizadas. Por exemplo, se um cliente costuma pedir um determinado tipo de bebida, a Starbucks pode enviar ofertas especiais relacionadas a esse item, criando uma experiência mais relevante e personalizada.*

Essas estratégias não apenas incentivam os clientes a retornarem à loja, mas também transformam a experiência de compra em algo mais significativo e interativo. Os consumidores se sentem valorizados e reconhecidos, o que os motiva a manter o relacionamento com a marca.

Investir na fidelização de clientes é uma estratégia que pode resultar em benefícios significativos e duradouros para as empresas. Ao entender as necessidades e preferências dos consumidores, as marcas podem cultivar um relacionamento que vai além da simples transação. A fidelização cria um ciclo virtuoso em que clientes satisfeitos retornam, gastam mais e recomendam a marca a outros.

Na verdade, a maior fonte de receita de uma empresa não são os novos clientes, mas aqueles que já conhecem a marca e continuam voltando para comprar.

No próximo tópico, abordaremos os Programas de Fidelidade, explorando como implementá-los de forma eficaz e quais são as vantagens que eles podem trazer para o seu negócio. Vamos descobrir juntos como transformar a fidelização em uma poderosa estratégia de crescimento!

Programas de Fidelidade

Os programas de fidelidade são estratégias projetadas para incentivar os clientes a continuarem comprando de uma empresa, recompensando-os por sua lealdade. Esses programas vão além de simples descontos; eles buscam criar um relacionamento mais profundo e duradouro entre a marca e o consumidor, proporcionando benefícios que vão ao encontro das necessidades e desejos do cliente.

Implementar um programa de fidelidade pode trazer diversos benefícios para uma empresa, incluindo:

Aumento da Retenção de Clientes: *Ao oferecer recompensas, os clientes têm um motivo a mais para escolher a mesma marca em vez de seus concorrentes. Isso ajuda a reduzir a rotatividade e a aumentar a base de clientes fiéis.*

Maior Frequência de Compras: *Programas de fidelidade incentivam os clientes a realizarem compras mais frequentes. Quanto mais eles compram, mais recompensas acumulam, criando um ciclo positivo.*

Coleta de Dados Valiosos: *Os programas de fidelidade permitem que as empresas coletem informações sobre os hábitos de compra dos consumidores. Esses dados são essenciais para entender o que os clientes valorizam e como eles se comportam, possibilitando estratégias de marketing mais eficazes.*

Promoção da Experiência do Cliente: *Ao oferecer benefícios personalizados e recompensas que realmente ressoam com o cliente, as empresas podem melhorar a experiência geral de compra, o que leva à satisfação e lealdade.*

Um exemplo notável de um programa de fidelidade bem-sucedido é o da Sephora, uma das maiores redes de cosméticos do mundo. O programa, chamado Beauty Insider, é estruturado em diferentes níveis, permitindo que os clientes acumulem pontos com base no valor de suas compras.

Como Funciona o Programa Beauty Insider?

Acúmulo de Pontos: *Os clientes ganham um ponto por cada dólar gasto. Esses pontos podem ser trocados por produtos exclusivos, amostras ou experiências especiais, como eventos de beleza.*

Níveis de Membros: *O programa é dividido em três níveis: Insider (para todos os membros), VIB (Very Important Beauty Insider) e Rouge. À medida que os clientes gastam mais, eles progridem para níveis superiores, ganhando benefícios adicionais, como acesso antecipado a novos produtos e eventos exclusivos.*

Experiências Personalizadas: *Além de pontos, os membros do programa têm acesso a recomendações personalizadas e ofertas exclusivas, que tornam a experiência de compra ainda mais atraente.*

O programa Beauty Insider não apenas incentiva a repetição de compras, mas também cria uma comunidade de clientes engajados que se sentem valorizados e conectados à marca. Essa abordagem demonstra que a Sephora se preocupa com a experiência do cliente, aumentando assim a lealdade e a satisfação.

Os programas de fidelidade são uma ferramenta poderosa para as empresas que desejam construir relações duradouras com seus clientes. Ao proporcionar recompensas tangíveis e experiências personalizadas, as marcas podem transformar clientes ocasionais em defensores leais.

Investir em um programa de fidelidade eficaz não é apenas uma estratégia de vendas; é uma maneira de mostrar aos clientes que eles são valorizados e reconhecidos. À medida que avançamos para o próximo tópico, exploraremos como o Atendimento ao Cliente pode se tornar um diferencial competitivo, complementando as estratégias de fidelização e fortalecendo ainda mais o relacionamento entre a marca e o consumidor.

Atendimento ao Cliente como Diferencial Competitivo

O atendimento ao cliente desempenha um papel fundamental no sucesso das empresas, sendo muitas vezes o fator que diferencia uma marca de seus concorrentes. Em um mercado cada vez mais competitivo e saturado, a experiência do cliente tornou-se uma peça-chave para conquistar e manter consumidores. Não basta oferecer um bom produto ou serviço; o modo como as empresas interagem com seus clientes antes, durante e após a venda pode determinar o sucesso ou fracasso da organização.

O Que é Atendimento ao Cliente?

Atendimento ao cliente é o conjunto de atividades e estratégias que visam proporcionar ao consumidor uma experiência satisfatória em suas interações com a empresa. Isso pode incluir suporte técnico, assistência pós-venda, respostas a dúvidas, gerenciamento de reclamações e orientação sobre o uso de produtos ou serviços. O atendimento deve ser ágil, eficiente e, acima de tudo, focado em resolver as necessidades e expectativas do cliente.

A Importância do Atendimento ao Cliente

Nos dias de hoje, os consumidores estão mais exigentes e bem informados, tendo acesso rápido a diversas opções e informações sobre produtos e serviços. Com o crescimento das mídias sociais e das plataformas de avaliação online, a experiência de um cliente pode ser compartilhada instantaneamente, afetando a reputação de uma marca de forma positiva ou negativa.

Portanto, um bom atendimento ao cliente não só garante a satisfação imediata do consumidor, mas também constrói a lealdade e promove o "marketing boca a boca". Empresas que investem em um atendimento diferenciado conseguem criar uma base de clientes fiéis, o que pode resultar em menores custos de aquisição de novos clientes, aumento do valor médio de compra e uma maior taxa de retenção.

Características de um Atendimento ao Cliente de Excelência

Empatia: Entender as necessidades, preocupações e sentimentos do cliente é fundamental para oferecer um atendimento humanizado. A empatia cria uma conexão emocional com o cliente, o que melhora a experiência geral.

Agilidade: Resolver os problemas rapidamente é essencial para garantir a satisfação do cliente. Demoras podem gerar frustração e fazer com que o cliente busque alternativas no mercado.

Soluções Eficientes: O atendimento deve ser focado na resolução eficaz das questões apresentadas pelo cliente, seja oferecendo informações claras, resolvendo problemas técnicos ou agilizando processos.

Personalização: Cada cliente é único, e o atendimento personalizado, que leva em conta o histórico e as preferências do consumidor, pode ser um grande diferencial. O uso de tecnologias, como CRMs, facilita esse processo de personalização.

Proatividade: Antecipar as necessidades do cliente, oferecer soluções antes mesmo de que ele perceba um problema ou sugerir melhorias e upgrades é uma forma de demonstrar cuidado e atenção com a experiência do consumidor.

O Atendimento ao Cliente no Ambiente Digital

Com o avanço da tecnologia, o atendimento ao cliente evoluiu para incluir múltiplos canais digitais, o que proporcionou uma maior flexibilidade e agilidade nas interações. Algumas das principais tendências no atendimento ao cliente digital incluem:

Chatbots: *Ferramentas de inteligência artificial que atendem de forma rápida e automática, podendo responder a perguntas frequentes, auxiliar na navegação pelo site e solucionar problemas simples em tempo real.*

Redes Sociais: *Muitas empresas utilizam suas páginas em redes sociais como canais diretos de atendimento ao cliente. Esses espaços se tornaram ambientes de resolução de dúvidas e reclamações, com a vantagem de serem públicos, o que pode impactar positivamente a imagem da marca quando a solução é bem executada.*

Atendimento Omnichannel: *Uma abordagem omnichannel permite que o cliente inicie uma interação em um canal, como o site, e a continue em outro, como o telefone ou e-mail, sem perder a continuidade do atendimento. Isso oferece uma experiência fluida e integrada, que é muito valorizada pelos consumidores.*

O Atendimento ao Cliente como Estratégia de Diferenciação Investir em atendimento ao cliente é mais do que uma obrigação operacional; é uma estratégia de diferenciação. Em mercados saturados, onde os produtos e serviços oferecidos pelas empresas são muito similares, a qualidade do atendimento pode ser o fator decisivo para a escolha do consumidor.

Além disso, clientes satisfeitos tendem a ser mais leais à marca e a fazer recomendações, o que impacta diretamente o crescimento da empresa. O custo de aquisição de novos clientes é geralmente maior do que o de manter os existentes, o que torna o foco na retenção ainda mais valioso.

Algumas marcas globais se destacam justamente pelo atendimento ao cliente excepcional, como por exemplo:

Amazon: Reconhecida mundialmente por seu suporte rápido e eficiente, com políticas de devolução sem complicações e um atendimento sempre focado em resolver o problema do cliente.

Zappos: Um dos exemplos mais famosos de como o atendimento ao cliente pode ser usado como diferencial competitivo. A empresa oferece atendimento 24/7 e é conhecida por seus funcionários irem além do necessário para garantir a satisfação do cliente.

O atendimento ao cliente, quando bem implementado, torna-se uma poderosa ferramenta de marketing de relacionamento. Ele não apenas resolve problemas, mas também constrói pontes de confiança e gera valor para a marca. As empresas que enxergam o atendimento ao cliente como um diferencial competitivo estão mais bem posicionadas para conquistar a lealdade do consumidor em um mercado cada vez mais dinâmico e exigente.

Investir em treinamento de equipes, otimização de processos e adoção de tecnologias que melhorem a comunicação com o cliente são práticas essenciais para transformar o atendimento ao cliente em uma verdadeira vantagem estratégica.

Capitulo 6

Análise e Medição de Resultados

Para que uma empresa tenha sucesso em suas ações de marketing, não basta apenas planejar e executar boas estratégias. É essencial acompanhar de perto os resultados, entender o que está funcionando e o que pode ser melhorado. A análise e medição de resultados desempenham um papel fundamental para garantir que os esforços de marketing estejam gerando o retorno esperado e, mais importante, contribuindo para os objetivos de negócios.

No ambiente dinâmico e competitivo em que vivemos, os dados se tornaram um dos recursos mais valiosos para a tomada de decisões. Medir o desempenho das campanhas de marketing permite ajustar estratégias em tempo real, identificar oportunidades de otimização e garantir que o orçamento seja alocado de forma eficiente. Através de ferramentas de análise e o acompanhamento de métricas e KPIs (Key Performance Indicators), as empresas conseguem visualizar o impacto de suas ações e traçar caminhos mais assertivos para o futuro.

Nos tópicos seguintes, vamos explorar como as empresas podem se beneficiar do uso inteligente de métricas, quais são as principais ferramentas de análise disponíveis no mercado e como transformar dados em insights acionáveis para maximizar os resultados de marketing. Entender como medir o sucesso é a chave para aprimorar continuamente as estratégias e se destacar em um mercado cada vez mais orientado por resultados.

Acompanhe a seguir como você pode utilizar essas práticas para elevar o marketing da sua empresa a um novo patamar!

Métricas e KPIs no Marketing Comercial

As métricas e KPIs (Key Performance Indicators, ou Indicadores-Chave de Desempenho) são fundamentais para o sucesso de qualquer estratégia de marketing comercial. Eles permitem que as empresas acompanhem o progresso de suas campanhas e avaliem se os objetivos estão sendo alcançados de maneira eficiente. Entender e utilizar essas ferramentas corretamente é essencial para medir o retorno sobre o investimento (ROI), identificar pontos de melhoria e alinhar as ações de marketing com os objetivos estratégicos da empresa.

O que são Métricas?

Métricas são dados ou informações quantificáveis que as empresas coletam para avaliar o desempenho de suas ações de marketing. Esses dados podem abranger diversos aspectos, como tráfego do site, número de leads gerados, taxa de conversão, engajamento nas mídias sociais, entre outros. Cada métrica fornece um insight sobre o comportamento do público ou o impacto de uma campanha específica.

No entanto, nem todas as métricas são igualmente relevantes para todas as empresas. É crucial identificar quais são as mais importantes para os objetivos do negócio e, assim, evitar o que chamamos de "métricas de vaidade" – aquelas que podem parecer impressionantes, mas não oferecem valor prático para a tomada de decisões.

O que são KPIs?

Os KPIs, ou Indicadores-Chave de Desempenho, são as métricas mais estratégicas que indicam o progresso em direção a metas específicas. Enquanto as métricas são todas as informações coletadas, os KPIs são métricas selecionadas que estão diretamente ligadas aos principais objetivos de marketing e negócios da empresa. Eles oferecem uma visão clara e objetiva sobre o desempenho de uma estratégia e permitem que as empresas façam ajustes para garantir que os objetivos sejam atingidos.

Os KPIs variam de acordo com a empresa e com as metas de cada campanha. Para uma empresa que busca aumentar a visibilidade da marca, por exemplo, KPIs como o crescimento do tráfego do site ou o alcance nas redes sociais podem ser mais importantes. Para outra empresa focada em vendas, o foco pode estar em KPIs como a taxa de conversão ou o custo por aquisição de cliente (CAC).

Principais Métricas e KPIs no Marketing Comercial

Tráfego do Site: *Uma das métricas mais básicas e importantes para qualquer estratégia de marketing digital. Mede quantas pessoas estão visitando o site da empresa. O tráfego pode ser segmentado em diferentes fontes, como orgânico (SEO), pago (anúncios), direto (digitando o URL) e referencial (outros sites).*

Taxa de Conversão: *Essa métrica indica quantos dos visitantes do site ou leads gerados realmente completam uma ação desejada, como fazer uma compra, baixar um material ou se inscrever para uma newsletter. A taxa de conversão é fundamental para medir o sucesso de uma campanha e otimizar o funil de vendas.*

Custo por Aquisição de Cliente (CAC): *O CAC é um KPI que mede o custo médio necessário para adquirir um novo cliente. Ele leva em consideração todos os gastos envolvidos no processo, como investimentos em marketing, vendas e publicidade. Manter esse valor dentro de uma margem saudável é crucial para a lucratividade da empresa.*

Retorno sobre Investimento (ROI): O ROI é um dos KPIs mais importantes para medir o sucesso de campanhas de marketing. Ele calcula o retorno financeiro gerado em relação ao que foi investido. A fórmula básica é:
ROI = (Receita Gerada – Custo da Campanha) / Custo da Campanha
Um ROI positivo significa que a campanha está trazendo mais retorno do que o valor investido.

Engajamento nas Redes Sociais: Engajamento refere-se ao nível de interação dos usuários com o conteúdo nas plataformas sociais, como curtidas, comentários, compartilhamentos e cliques. Alta taxa de engajamento sugere que o público está ativamente interagindo com a marca, o que pode fortalecer o relacionamento com os clientes.

Leads Gerados: Essa métrica mede quantos leads (potenciais clientes) foram atraídos por uma campanha de marketing. Quanto mais qualificados forem esses leads, maiores são as chances de que eles se convertam em vendas no futuro.

Lifetime Value (LTV): O LTV mede o valor total que um cliente trará para a empresa ao longo de todo o tempo de relacionamento. Ele é um KPI crucial para entender o valor de cada cliente e otimizar os esforços de retenção, uma vez que um cliente com alto LTV gera mais receita no longo prazo.

Taxa de Rejeição (Bounce Rate): Esta métrica avalia o percentual de visitantes que saem do site após visualizar apenas uma página, sem interagir com mais conteúdo. Taxas de rejeição altas podem indicar que o conteúdo não está relevante ou que a experiência do usuário precisa ser melhorada.

Taxa de Abertura e Cliques (Email Marketing): Em campanhas de email marketing, é essencial monitorar a taxa de abertura dos emails enviados e a taxa de cliques (CTR) nos links contidos na mensagem. Esses KPIs indicam o nível de engajamento do público com o conteúdo enviado.

Como Escolher as Métricas e KPIs Certos?

A escolha das métricas e KPIs depende dos objetivos de cada campanha ou estratégia de marketing. Para que eles sejam eficazes, é necessário:

Alinhar com os Objetivos de Negócio: *As métricas e KPIs devem refletir diretamente os objetivos estratégicos da empresa, como aumento de vendas, expansão da marca ou fidelização de clientes. Ser Específico e Mensurável: KPIs eficazes devem ser mensuráveis e específicos. Por exemplo, "aumentar a taxa de conversão em 15% nos próximos 3 meses" é um KPI claro e mensurável.*

Acompanhamento Contínuo: *Monitorar as métricas e KPIs de forma contínua é essencial para ajustar estratégias em tempo real. As campanhas de marketing digital, em particular, permitem ajustes rápidos para maximizar o impacto.*

Comparação de Performance: *Para entender se os resultados são bons ou não, é importante compará-los com benchmarks do mercado ou com campanhas anteriores.*

O Papel das Ferramentas de Análise

Para coletar e analisar as métricas e KPIs de maneira eficaz, existem várias ferramentas disponíveis no mercado, como Google Analytics, SEMrush, HubSpot, entre outras. Essas ferramentas fornecem relatórios detalhados e insights que ajudam as empresas a compreenderem melhor o desempenho de suas campanhas e a tomarem decisões baseadas em dados.

Métricas e KPIs são o alicerce para uma estratégia de marketing comercial bem-sucedida. Eles permitem que as empresas meçam o impacto real de suas campanhas, justifiquem investimentos e façam ajustes inteligentes para alcançar melhores resultados. Ao definir e acompanhar os KPIs certos, as empresas podem garantir que suas ações de marketing estejam alinhadas com os objetivos de negócio e gerando um retorno positivo.

Ferramentas de Análise

No mundo moderno do marketing comercial, o uso de ferramentas de análise é indispensável para medir o desempenho das campanhas e obter insights valiosos sobre o comportamento do consumidor. Essas ferramentas permitem que as empresas coletem dados detalhados, avaliem o impacto de suas ações e tomem decisões embasadas em informações reais, aumentando a eficácia de suas estratégias de marketing. Com a crescente complexidade e diversidade dos canais de marketing — tanto digitais quanto tradicionais —, o uso de ferramentas de análise torna-se um diferencial competitivo fundamental.

O Que São Ferramentas de Análise?

Ferramentas de análise são softwares ou plataformas que permitem monitorar, medir e interpretar o desempenho das campanhas de marketing. Elas oferecem uma ampla gama de funcionalidades, desde a análise de tráfego do site, até o acompanhamento do engajamento em redes sociais, taxas de conversão, retorno sobre investimento (ROI) e outros KPIs importantes.

Essas ferramentas geram relatórios detalhados que ajudam as empresas a entender quais ações estão funcionando, onde estão ocorrendo falhas e como otimizar suas campanhas para maximizar os resultados.

A principal vantagem das ferramentas de análise é que elas fornecem dados em tempo real ou em períodos específicos, permitindo que as empresas tomem decisões informadas. Isso possibilita:

Ajustes Rápidos: *Em campanhas digitais, especialmente, o acompanhamento em tempo real permite mudanças imediatas para melhorar o desempenho da campanha.*

Melhoria Contínua: *A análise constante dos resultados permite que as empresas adotem uma abordagem de melhoria contínua, ajustando e otimizando suas estratégias de marketing com base nos dados.*

Previsão de Tendências: As ferramentas de análise ajudam a identificar padrões de comportamento do consumidor, permitindo prever tendências e ajustar as campanhas para capitalizar essas mudanças.

Tomada de Decisões Baseada em Dados: As empresas podem fazer escolhas mais precisas sobre onde alocar recursos, quais canais priorizar e quais estratégias estão gerando maior retorno, evitando o uso de "achismos" ou intuições.

Principais Ferramentas de Análise Utilizadas no Marketing Comercial

Existem várias ferramentas disponíveis no mercado, cada uma com funcionalidades específicas, adequadas para diferentes tipos de negócios e necessidades de marketing. Abaixo estão algumas das mais populares e amplamente utilizadas:

Google Analytics:

- O Google Analytics é uma das ferramentas de análise mais conhecidas e usadas no marketing digital. Ele oferece uma visão detalhada sobre o tráfego de um site, incluindo a origem dos visitantes, comportamento dentro do site, taxas de conversão e muito mais.
- Além disso, permite monitorar campanhas de marketing, identificar quais páginas estão performando melhor e ajustar estratégias com base no desempenho.
- É uma ferramenta poderosa para entender como os usuários interagem com o site e qual o impacto das campanhas em diferentes canais.

SEMrush:

- O SEMrush é uma ferramenta completa de marketing digital, focada principalmente em análise de SEO (otimização para motores de busca), marketing de conteúdo e publicidade paga.
- Ele ajuda as empresas a identificar palavras-chave relevantes, acompanhar o desempenho de SEO, monitorar a concorrência e otimizar campanhas de anúncios pagos.

- Também fornece insights sobre backlinks, tráfego orgânico e a posição da empresa nos rankings de busca, tornando-se uma ferramenta essencial para estratégias de marketing baseadas em pesquisa.

HubSpot:

- HubSpot é uma plataforma de inbound marketing que oferece uma ampla gama de funcionalidades, incluindo ferramentas de CRM, automação de marketing e análise de desempenho.
- A ferramenta fornece insights detalhados sobre o funil de vendas, a jornada do consumidor e o desempenho de campanhas de marketing digital, permitindo que as empresas personalizem suas estratégias para maximizar a conversão.
- O HubSpot é amplamente utilizado para gerenciar a relação com o cliente e monitorar as interações em vários canais, como email marketing, blogs e redes sociais.

Como Escolher a Ferramenta de Análise Correta?

Com tantas opções disponíveis, escolher a ferramenta de análise correta pode parecer um desafio. No entanto, o mais importante é alinhar a escolha com os objetivos de marketing da empresa e as necessidades específicas da equipe. Alguns fatores a considerar incluem:

Tamanho da Empresa: *Empresas menores podem se beneficiar de ferramentas mais acessíveis, como o Google Analytics, enquanto grandes organizações podem precisar de plataformas mais robustas e integradas, como HubSpot ou SEMrush.*

Objetivos de Marketing: *A ferramenta deve estar alinhada com os objetivos da empresa. Se o foco é SEO, por exemplo, o SEMrush seria mais adequado*

Orçamento Disponível: Algumas ferramentas são gratuitas (como Google Analytics), enquanto outras exigem investimentos consideráveis (como HubSpot). Avaliar o orçamento disponível é fundamental para escolher a opção mais viável.

Facilidade de Uso: A equipe de marketing deve ser capaz de usar a ferramenta de forma eficaz. Ferramentas com interfaces simples e dashboards intuitivos podem acelerar o processo de análise e tomada de decisão.

As ferramentas de análise são fundamentais para o sucesso no marketing comercial, fornecendo os dados necessários para medir o desempenho das campanhas e tomar decisões baseadas em informações concretas. Utilizar essas ferramentas de forma eficaz permite que as empresas monitorem resultados em tempo real, ajustem suas estratégias com base em dados e garantam que os investimentos de marketing estejam gerando o melhor retorno possível.

Ao explorar e implementar as ferramentas corretas, as empresas podem transformar dados brutos em insights valiosos, otimizando suas campanhas e alcançando melhores resultados a longo prazo.

Capitulo 7

Tendências Futuras do Marketing Comercial

Nos últimos anos, o marketing tem passado por uma transformação intensa, impulsionada pela rápida evolução tecnológica e pelas mudanças no comportamento dos consumidores. Para empresas que desejam se manter competitivas, é essencial não só compreender as estratégias que estão em vigor, mas também antecipar as tendências que moldarão o futuro do marketing comercial. Este capítulo será uma verdadeira janela para o que está por vir, permitindo que você, empreendedor ou profissional de marketing, possa se preparar para as inovações que transformarão a forma como as empresas se conectam com seus clientes.

Vamos explorar temas essenciais que estão revolucionando o marketing, como o impacto crescente da Inteligência Artificial, que permite personalização e automação em níveis nunca antes vistos Além disso, veremos como o conceito de omnichannel – a integração perfeita entre canais online e offline – está criando uma nova forma de se relacionar com os consumidores. E, por fim, discutiremos como a sustentabilidade e o propósito social estão se tornando elementos centrais nas estratégias de marcas que desejam não apenas atrair clientes, mas também criar uma conexão significativa e duradoura com eles.

Cada uma dessas tendências traz consigo desafios e oportunidades. Acompanhar essas mudanças e entender como aplicá-las à sua realidade de negócio pode ser o diferencial que sua empresa precisa para se destacar no mercado. Este capítulo vai guiá-lo por esse caminho, ajudando a preparar sua estratégia de marketing para um futuro cheio de possibilidades.

Acompanhe os próximos tópicos e veja como essas tendências podem impactar diretamente suas estratégias e transformar o sucesso do seu negócio.

Inteligência Artificial no Marketing

A Inteligência Artificial (IA) está rapidamente se tornando uma ferramenta indispensável no marketing comercial, transformando a maneira como as empresas interagem com seus clientes e otimizam suas operações. Ela oferece soluções que vão desde a automação de tarefas rotineiras até a análise preditiva e a personalização em massa, tornando o marketing mais eficiente e eficaz.

Neste tópico, vamos explorar como a IA está sendo aplicada no marketing, as principais ferramentas e benefícios, além dos desafios que as empresas podem enfrentar ao implementá-la.

O que é Inteligência Artificial no Marketing?

A Inteligência Artificial no marketing refere-se ao uso de sistemas e tecnologias capazes de realizar tarefas que, normalmente, exigem inteligência humana. Isso inclui a capacidade de analisar grandes volumes de dados, aprender com essas análises e tomar decisões de forma autônoma ou semiautônoma. No marketing, isso se traduz em automação de processos, personalização em tempo real e melhoria na tomada de decisões estratégicas.

Principais Aplicações da IA no Marketing

Personalização de Conteúdo e Experiência do Cliente: *A IA permite que as empresas personalizem a experiência do cliente de maneira precisa e em escala. Plataformas como Google e Amazon já utilizam IA para recomendar produtos com base no histórico de navegação e compras do usuário. Essa personalização não se limita ao e-commerce: pode ser aplicada em sites, e-mails, anúncios e até mesmo nas interações em redes sociais.*
Por exemplo, através do aprendizado de máquina (machine learning), a IA pode identificar padrões de comportamento dos consumidores e, a partir disso, sugerir produtos, serviços ou conteúdos que sejam relevantes para cada pessoa, aumentando as chances de conversão e fidelização.

Automação de Tarefas Repetitivas: Um dos maiores benefícios da IA no marketing é a automação de tarefas repetitivas e demoradas, como o envio de e-mails em campanhas, postagens em redes sociais ou até mesmo a segmentação de público. Com ferramentas de automação baseadas em IA, é possível programar essas atividades de forma inteligente, garantindo que as mensagens cheguem ao público certo, no momento certo, com o mínimo de esforço humano.
Exemplo: Os chatbots são um ótimo exemplo de IA aplicada ao atendimento ao cliente, ajudando as empresas a responder perguntas frequentes e resolver problemas simples em tempo real, sem a necessidade de intervenção humana constante.

Análise de Dados e Insights Preditivos: A IA tem a capacidade de processar e analisar grandes quantidades de dados em um curto período, algo que seria impossível manualmente. Isso permite que os profissionais de marketing entendam melhor o comportamento do consumidor, prevejam tendências e ajustem suas estratégias de forma proativa.
Exemplo: Ferramentas de análise preditiva utilizam IA para prever quais clientes têm mais probabilidade de fazer uma compra ou de se tornarem inativos, ajudando as empresas a otimizar suas campanhas de retenção ou de captação de novos clientes.

Otimização de Anúncios e Mídia Paga: A Inteligência Artificial também está revolucionando a publicidade paga. Plataformas como o Google Ads e o Facebook Ads usam algoritmos de IA para otimizar automaticamente os lances de anúncios em tempo real, garantindo que o investimento seja feito de forma mais eficiente. Além disso, a IA ajuda a identificar quais anúncios estão funcionando melhor para determinados públicos, permitindo ajustes rápidos para melhorar o desempenho da campanha.

Atendimento ao Cliente Inteligente: Além dos chatbots, a IA pode ser aplicada em centrais de atendimento para prever o tipo de problema que o cliente pode estar enfrentando, oferecendo soluções mais rápidas e personalizadas. Sistemas de IA podem aprender com cada interação, tornando-se mais eficazes a cada atendimento, aumentando a satisfação do cliente e reduzindo os custos operacionais.

Vantagens da IA no Marketing

Eficiência e Produtividade: A automação de tarefas repetitivas libera os profissionais de marketing para se concentrarem em atividades mais estratégicas, aumentando a eficiência das equipes.

Melhoria na Tomada de Decisão: A análise de dados por IA fornece insights mais profundos e precisos, ajudando as empresas a tomarem decisões baseadas em dados reais, em vez de intuições ou suposições.

Personalização em Massa: Com a IA, as empresas conseguem oferecer uma experiência personalizada para cada cliente, mesmo em grande escala, algo que seria impossível sem o uso da tecnologia.

Redução de Custos: O uso de IA pode reduzir custos ao otimizar processos, diminuir a necessidade de trabalho manual e melhorar o retorno sobre investimento (ROI) em campanhas publicitárias.
Desafios da Implementação da IA no Marketing

Apesar de todos os benefícios, a implementação da IA no marketing também apresenta alguns desafios:

- **Necessidade de Grandes Quantidades de Dados:** A eficácia da IA depende de dados de alta qualidade. Se os dados de uma empresa forem limitados ou incorretos, os resultados da IA serão prejudicados.
- **Complexidade e Custo Inicial:** Embora os custos a longo prazo possam ser reduzidos, o investimento inicial em tecnologias de IA pode ser alto, especialmente para pequenas e médias empresas. Além disso, a integração e o uso adequado dessas ferramentas podem exigir treinamento e novos conhecimentos técnicos.
- **Privacidade e Segurança:** O uso de grandes volumes de dados pessoais levanta preocupações sobre privacidade e segurança. As empresas precisam garantir que estão em conformidade com leis de proteção de dados, como a LGPD (Lei Geral de Proteção de Dados), e que estão utilizando as informações dos consumidores de forma ética e transparente.

O Futuro da IA no Marketing

O futuro da Inteligência Artificial no marketing é promissor. A expectativa é que a IA continue a evoluir, tornando-se cada vez mais acessível e integrada às operações diárias das empresas. No futuro, podemos esperar:

- *Interações cada vez mais naturais entre consumidores e assistentes virtuais, com chatbots e assistentes de voz que conseguem conversar de forma fluida e personalizada.*
- *Anúncios hiper-personalizados, baseados em uma análise ainda mais precisa do comportamento e das preferências dos consumidores.*
- *Automação total de campanhas de marketing, desde a criação de conteúdo até a execução e otimização de anúncios, com a IA tomando decisões complexas em tempo real.*

Aqueles que abraçarem essa tendência agora terão uma vantagem competitiva significativa no futuro.

A Inteligência Artificial está redefinindo o marketing comercial, oferecendo às empresas ferramentas poderosas para otimizar suas operações, melhorar a experiência do cliente e maximizar seus resultados. Entender e adotar essas tecnologias é fundamental para se destacar em um mercado cada vez mais competitivo e dinâmico.

O Crescimento do Marketing Omnichannel

O marketing omnichannel é uma estratégia que integra diferentes canais de comunicação e vendas, tanto online quanto offline, para criar uma experiência de compra unificada e consistente para o cliente. O foco principal do omnichannel é garantir que o consumidor tenha uma jornada fluida e contínua, independentemente de como ele interage com a marca — seja através de uma loja física, e-commerce, aplicativo móvel, redes sociais ou qualquer outro canal.

Com o avanço da tecnologia e a mudança no comportamento dos consumidores, que agora exigem experiências mais personalizadas e convenientes, o marketing omnichannel se tornou uma estratégia essencial para empresas que desejam se manter competitivas. A seguir, vamos explorar como essa abordagem está crescendo e transformando o mercado, seus benefícios e os desafios que ela apresenta.

A Integração de Canais e a Experiência do Cliente

Em um mundo cada vez mais conectado, os consumidores não fazem mais distinção entre o online e o offline. Eles esperam que suas interações com as marcas sejam contínuas, independentemente do canal que utilizam. Por exemplo, um cliente pode iniciar uma pesquisa de produtos no site da empresa, visitar a loja física para ver os itens pessoalmente e, posteriormente, finalizar a compra através do aplicativo móvel.

No omnichannel, todos esses pontos de contato estão interligados, proporcionando uma experiência integrada. Isso significa que o histórico de interações do cliente em diferentes canais é considerado, criando uma comunicação mais eficaz e personalizada. Se, por exemplo, um cliente abandonar um carrinho de compras online, a empresa pode enviar um lembrete por e-mail ou até mesmo oferecer um desconto quando ele visitar a loja física.

Vantagens do Marketing Omnichannel

Experiência Personalizada e Coerente: O omnichannel oferece uma experiência mais personalizada, já que todos os canais da marca são sincronizados. Isso significa que o cliente pode, por exemplo, começar uma interação no site, receber atendimento no WhatsApp, e concluir uma compra na loja física, tudo de maneira integrada e sem rupturas na comunicação.

Maior Satisfação e Fidelização do Cliente: A capacidade de proporcionar uma experiência contínua e sem fricções melhora a satisfação do cliente. Quando ele sente que a marca conhece suas preferências e facilita sua jornada de compra, é mais provável que ele retorne e se torne um cliente fiel.

Aumento nas Vendas e Conversões: As empresas que adotam estratégias omnichannel veem um aumento nas conversões, já que a comunicação com o cliente é mais eficaz e os canais se complementam. Por exemplo, um cliente que recebe uma promoção especial no aplicativo pode decidir comprar na loja física, e vice-versa. Essa interação cruzada entre canais potencializa as vendas.

Maior Retenção de Clientes: As marcas que utilizam o omnichannel conseguem criar laços mais profundos com os consumidores, retendo-os por mais tempo. A consistência na comunicação e no atendimento faz com que os clientes sintam que a marca está sempre acessível e pronta para atendê-los em qualquer plataforma.

Desafios na Implementação do Omnichannel

Embora os benefícios do omnichannel sejam claros, sua implementação pode ser desafiadora. Um dos maiores obstáculos é a integração eficaz de todos os canais. Para que a estratégia funcione, é essencial que os dados do cliente sejam centralizados, permitindo que as informações fluam entre os diferentes pontos de contato. Isso pode requerer investimentos significativos em tecnologia e sistemas de CRM (Customer Relationship Management) avançados.

Outro desafio é a mudança cultural dentro da empresa. Para que o omnichannel seja bem-sucedido, todas as áreas do negócio – marketing, vendas, atendimento ao cliente e logística – precisam estar alinhadas. As equipes devem trabalhar juntas para garantir que a comunicação e o atendimento ao cliente sejam consistentes em todos os canais.

O Papel da Tecnologia no Omnichannel

A tecnologia é crucial para o sucesso do marketing omnichannel, com ferramentas como CRM, plataformas de automação e análise de dados centralizando informações e monitorando interações dos clientes. A inteligência artificial (IA) personaliza ainda mais a experiência, prevendo comportamentos e oferecendo recomendações com base no histórico do cliente. Com IA e big data, empresas podem analisar o comportamento de compra e enviar promoções personalizadas no canal preferido do cliente, como e-mail, SMS ou notificação, garantindo uma comunicação relevante e aumentando a conversão.

Grandes varejistas como Starbucks e Nike são exemplos de sucesso em estratégias omnichannel. A Starbucks oferece um aplicativo de recompensas que permite aos clientes fazer pedidos antecipados, acumular pontos e receber ofertas personalizadas, tudo integrado entre o app e as lojas físicas. Já a Nike combina compras online e retirada em loja, com um aplicativo que recomenda produtos personalizados com base no histórico de compras, além de oferecer serviços exclusivos de personalização.
O marketing omnichannel reflete a crescente demanda dos consumidores por experiências integradas. Empresas que adotam essa abordagem fortalecem suas marcas, aumentam vendas e fidelizam clientes. No entanto, a implementação eficaz requer investimento em tecnologia, integração de dados e mudanças culturais, mas oferece uma vantagem competitiva considerável para quem supera esses desafios.

Sustentabilidade e Propósito como Estratégia de Marketing

A incorporação da sustentabilidade e do propósito ao marketing tem se tornado uma prioridade para muitas empresas, refletindo as crescentes expectativas dos consumidores por práticas mais responsáveis. Sustentabilidade refere-se às ações que minimizam o impacto ambiental, como o uso eficiente de recursos, a redução de emissões de carbono e o desenvolvimento de produtos eco-friendly. Já o marketing com propósito vai além da preocupação ambiental e envolve o compromisso da empresa com causas sociais e éticas, como a diversidade, a inclusão e a justiça econômica. Essa mudança de foco transforma o papel das marcas, de simples fornecedoras de produtos para agentes ativos de mudanças positivas.

Uma das formas mais eficazes de utilizar a sustentabilidade como estratégia de marketing é a transparência nas práticas ambientais. Marcas que comunicam de maneira clara suas iniciativas para reduzir a pegada ecológica, como o uso de embalagens recicláveis ou a implementação de processos de produção sustentável, conseguem atrair consumidores que valorizam o cuidado com o planeta. Um exemplo é a adoção da economia circular, onde os produtos são projetados para serem reutilizados ou reciclados, reduzindo o desperdício. Essa abordagem reforça a confiança do consumidor na marca e promove uma imagem responsável e consciente.

AO propósito social também é um diferencial importante. Empresas que apoiam causas relevantes para a sociedade, como a promoção da diversidade ou o combate à desigualdade, tendem a se conectar emocionalmente com seus clientes. Ao demonstrar preocupação genuína por questões sociais e agir de maneira coerente, as marcas se diferenciam em um mercado competitivo. Esse tipo de posicionamento vai além das campanhas de marketing; ele deve ser refletido em toda a operação, incluindo a forma como a empresa trata seus colaboradores, seus fornecedores e a comunidade em que está inserida.

Entretanto, para que a sustentabilidade e o propósito funcionem como estratégias de marketing eficazes, é fundamental que as ações sejam autênticas. O consumidor moderno é informado e exigente, o que torna fácil identificar práticas de greenwashing ou purpose-washing, quando uma empresa finge ser mais sustentável ou ética do que realmente é. A incoerência entre o discurso e a prática pode prejudicar seriamente a imagem de uma marca, gerando desconfiança e até afastando clientes. Por isso, as empresas precisam alinhar profundamente seus valores e operações com suas mensagens de marketing.

Por fim, o compromisso com a sustentabilidade e o propósito pode gerar benefícios de longo prazo para as empresas. Além de fortalecer a relação com o cliente, esse tipo de posicionamento atrai investidores interessados em negócios que tenham um impacto positivo no mundo. Com uma base de clientes mais leal e uma reputação sólida, as marcas que investem em sustentabilidade e propósito não apenas aumentam suas vendas, mas também constroem um legado duradouro, alinhado às demandas de um mercado que valoriza ética e responsabilidade.

Capitulo 8

Conclusão

Ao longo desta obra, navegamos por um universo fascinante que é o marketing comercial. Desde as suas origens, com as primeiras campanhas de marketing tradicional, até os tempos atuais, onde o digital domina grande parte das interações comerciais, foi possível observar a evolução e a importância de se manter atualizado e ágil em um mercado cada vez mais dinâmico.

Ao refletir sobre tudo o que foi abordado — da segmentação de mercado, passando pela importância da definição clara do público-alvo e personas, até as mais modernas práticas de SEO e inteligência artificial — podemos afirmar que o marketing é uma disciplina viva, mutável, e que se alimenta diretamente das necessidades e comportamentos humanos. Neste sentido, entender o consumidor e suas jornadas de compra continua a ser a chave do sucesso, independentemente da tecnologia ou estratégia utilizada.

Porém, o marketing vai além de simplesmente vender produtos. Trata-se de criar conexões emocionais, gerar experiências e entregar valor de maneira que ressoe com os clientes. É sobre construir relacionamentos que transcendem a transação comercial, fidelizando e transformando consumidores em defensores da marca. Hoje, as empresas que têm sucesso são aquelas que conseguem se destacar oferecendo uma proposta de valor clara e que sabem contar sua história de forma autêntica, criando um diálogo contínuo com seus consumidores.

Se você chegou até aqui, está pronto para colocar em prática as estratégias aprendidas e moldá-las à realidade do seu negócio. A medida em que o mercado continua a evoluir, será crucial continuar aprendendo, adaptando e inovando para se manter competitivo e relevante. O marketing é uma jornada, não um destino final, e você, como profissional ou empreendedor, deve estar preparado para os desafios e oportunidades que virão.

O marketing eficaz não consiste apenas em atrair a atenção do consumidor, mas em conquistar sua confiança e lealdade, transformando marcas em experiências e consumidores em parceiros de longo prazo.

www.ingramcontent.com/pod-product-compliance
Lightning Source LLC
Chambersburg PA
CBHW070357230526
45471CB00006B/2609